U0015726

馬雅260

來自星際馬雅的生命智慧

13月亮曆法╳宇宙的愛

ESRAH（譚美俐）◎著

自序

為什麼會寫出這些文字？

我想是心中的一份愛吧！內在對眾生的一份愛，對自己的一份愛。

這一份愛承接了更多的愛，也分享了更多的愛。

正如我上一本書，這本書的訊息也是來自宇宙的愛，我只是個代筆人，讓星際馬雅的訊息通過我這個管道流通出來，從我的手流傳出去。

這些訊息來自更高生命的指引，它們無法用我的頭腦寫出來或畫出來，我只是敞開成為一個管道，讓這些訊息從更高的維度流傳下來，作為人們的智慧指引。

我很感恩我能夠承接到這一份美麗和愛，讓這260篇美麗的文字和圖，從我的手中傳播出去。

在上一本書我並沒有放我的真實姓名，只是放我的靈性名字。因為我覺得這不是很重要，我只是宇宙的代筆人，只是幫助宇宙傳達訊息。

但在這一本書裏，我附上了自己的真實姓名，作為感恩父母的一份祝福。我母親在我第一本書出版的幾個月前，離開了這個三維的物質世界，她的離開讓我體悟到了人世間的無常和生死。對我來說，這是一個對生死的深度穿越，也讓我看懂了生死的意義。我們應該把握生命的每一個時刻去活出自己生命的本質，在這一生中完成生命

中所要完成的。

　　她的愛一直在陪伴著我，從小到大，從離開到永恆。這一份愛也從我的身上延續了出去，我能夠給出更多的愛。

　　寫這本書對我來說，是一個非常強大的療癒過程，很多生命中無法言喻的痛，都在寫和畫的過程中，被釋放和療癒了。常常，我是在觸動至內心的非常深處，一邊淚流滿面的寫和畫完的。

　　所以會有很多讀者問我，為什麼當他們讀到我的某一篇文章時，會淚流滿面。因為這些文字觸動到了我們靈魂的深處，我們都想活出真實的自己。

　　感恩父母給我的愛，感恩我的家人，感恩天地的滋養，感恩星際馬雅，感恩時間法則基金會，感恩為我寫序的老師們，感恩所有的老師和學生，感恩每一個讀到這些文字的朋友，感恩一切眾生，感恩一切引領這本書出現的因緣，感恩布克文化為我出版這一本書！

　　無論這本書來到了誰的手上，我都衷心的希望它能夠為你們帶來許多的療癒和祝福。

Esrah（譚美俐）Kin124 共振的黃種子
寫於 KIN1 磁性的紅龍 NS 1.34.11.18，2022.5.19

如何使用這一本書

正如我上一本書，這本書也能夠做為生命智慧的指引和覺察。如果你熟悉13月亮曆法的卓爾金曆，你可以每天跟隨當天的星系印記去看或朗讀。

如果你沒有學過13月亮曆法也沒有關係，可以把它當成一個智慧的指引，每天翻閱一頁。甚至，當你遇到什麼難解的課題或是卡點時，也可以意念著你的課題或是卡點，請求智慧指引，隨機翻閱一頁，看看那一頁要給你的訊息是什麼。

也可以把這本書當作是你靜心的一個工具。你可以把心靜下來，放慢你的呼吸，用你的心去感受書中文字和畫的意境，讓自己進入那個意境去跟內在的自己對話，釋放和療癒內在的傷痛。也可以在內在連接這些意境，讓自己就在這些意境中去進行內在的創造。

Calendar of natural time, 13 Moons 28 Calendars and Interstellar Maya guide us from everyday situations to discovery of our fullest potentials and inner wisdom. When this occurs, we cannot stop the process of transformation, as well our melting in the field of love and beauty. We want to know more, explore more, as well - share more. During numerous workshops I have given in the East, I witnessed the process of immersion in oneselves, deeper insights, and that from the seed of inner potential beautiful flowers bloomed.

Dear Esrah, Yellow Resonant Seed, was one of these beautiful flowers. Touched by its wisdom, she continued to integrate it in everyday life.

Her vision paints the canvas of the World, her words activate transformation within.

Connect in silence. Listen with your heart. See with inner sight.

This book touches very subtle levels of our beings and call us for one unstoppable, yet very powerful and amazing journey. Enjoy it!

Thank you dear Esrah for who you are, for your work. Your positive attitude and hard work are what make you great!

Dr Ana Zikic， Kin 62， White Planetary Wind

自然時間的曆法，13 月亮 28 天曆和星際馬雅曆法引導我們從每天日常生活的種種情況中去探索我們最全面的潛能和內在的智慧。在這當中，我們會不停地進入轉變的過程和融入在愛與美的領域裏。我們想瞭解更多、探索更多，也想分享更多。我在東方舉辦的多場工作坊中，我見證了很多人進入了更沉浸、深刻的領悟，以及從內在潛能的種子中綻放出美麗花朵的過程。

親愛的 Esrah，共鳴的黃種子，就是這些美麗的花朵之一。她被曆法的智慧所感動，繼續將它融入日常生活中。

她的願景描繪了世界的畫布，她的文字激活了內在的轉變。

在沉默中連接。用心聆聽。用內在的眼睛看。

這本書觸及了我們存在的非常微妙的層面，並呼籲我們進行一次不可阻擋但非常強大和令人驚嘆的旅程。好好享受它！

感謝親愛的 Esrah，感謝你是你，感謝你所做的。你正面的態度和努力讓你變得偉大！

Ana Žiki Burtscher，Kin62，行星的白風

推薦序（二）

✦ 生命就是一場又一場跨次元修煉體驗的共振組合！ ✦

懷抱著感恩與喜悅的心，接受美俐（Esrah）的邀請，來為她的第二本新書寫序。她曾經遠從馬來西亞來到台灣，學習我「時間法則」的曆法相關課程，知道她擁有著很高的靈性感知能力。這些年她努力地跟隨著卓爾金曆 260 天銀河自旋周期的諧振模板去體驗著她的生活，有了許多她個人特殊的感知與領悟，於是她懷帶著謙遜與愛，將自己視為一個跨次元訊息的傳輸管道，忠實地記錄成文字，然後發行出版，為自己的生命藍圖打造出一份深刻且令人感動的獨特軌跡。

這或許是跨次元的外星高等智慧所給予她的一份禮物，也或許這就是她的宇宙使命，她具體實踐了「時間法則（The Law of Time）」發現者荷西‧阿奎勒斯博士（Dr. José Argüelles），鼓勵每一個人應該要透過 13 月亮曆法，去創造屬於自己的星際馬雅時間的生活行動。

是的，我們每一個人都是來自銀河中心的傳訊管道，我們都應該有效地活用跨次元心電感應技術所發展出來的四次元人類工具，試著將我們自身與被整合到行星地球主體的銀河大腦，來進行持續性的校準與對齊。

荷西博士曾經說：「改變你的曆法，改變你的時間，改變你的心智。（CHANGE YOUR CALENDAR, CHANGE YOUR TIME, CHANGE YOUR MIND）」而這一切都在提醒著，我們已經進入一個需要徹底改變的全新時代了。所以，我們每一個人都必須加緊腳步來跟上這樣全面蛻變的意識轉化階段。

美俐（Esrah）的浪漫文字，呼應了這樣的蛻變力量，同時也提醒著我們每一個人都可以主動積極地去參與這一場又一場的集體創造性行動。她的具體實踐給了我們最大的鼓勵，讓我們知道，其實每一個人都可以好好地跟隨這一張卓爾金曆 260 天銀河自旋周期的諧振模板，體驗著我們自己獨特的生活。特別是，如果我們還能夠試著把一些共時的美麗訊息給完整記錄下來，那麼，它將會帶給我們自己更多的感動與愛。事實上，透過這樣的方式，也能夠讓我們更主動地去參與行星地球以及全人類的演化進程。

從 2013 年的地球時間飛船啟航之後，這個地球上每一個存在的生命個體，都正隨著地球意識，朝向心智場域（Noosphere）的心電感應振動狀態，快速演化著。而我們就是地球，因此地球意識的轉化，就相當於我們個人意識的轉化。因此，我們都應該要隨時覺察並提醒自己，在體驗生命旅程中的每一個片刻，盡可能地將愛與和諧，灌注到我們意識所能及的每一個細微之處。

如果，你被美俐（Esrah）真誠的文字感動了、啟發了、激活了，那麼不要忘了，明天的你，也可以試著敞開你的心、擴張你的感官知覺，然後提起你的筆，或者打開你的電腦，將每一份屬

於你所覺察的訊息忠實地記錄下來，然後靜待時間成熟之時，再大方地與那些有緣的星際家人們共同分享，我相信那將會是一場場迸發出智慧之火的美麗邂逅。

謝謝美俐（Esrah）這些文字訊息的暖心陪伴，在其溫柔又浪漫的筆鋒下，也透含著一種深刻的提醒與關愛，它可以作為「260天銀河自旋周期」的每日連結手冊，提供一個幫助我們更接近真實自我的線索，並且鼓勵著我們。是的，我們每一個人都是來自銀河中心的傳訊管道，我們都在扮演著一個將行星地球、恆星太陽與銀河中心，相互校準連結的角色，而我們的生命就像是一場又一場跨次元修煉體驗的共振組合，要透過彼此完全敞開的分享與相互連結，才得以完整。

是的，我們永遠都會記得，In Lak'Ech Ala K'In，你是我，我是另外一個你！

張之愷，Kin113 太陽的紅天行者
20220612 台南

➤ 宇宙真的很神奇 ➤

我在台灣與遠在馬來西亞素未謀面的 Esrah 結緣，幫她出了第一本書：馬雅 260─來自星際馬雅的能量訊息，20 個圖騰 X13 個調性，跟隨宇宙大自然的頻率，回歸自己的生命之流。

當時兩個家庭主婦，也不知道這一印幾千本的書賣不賣得完。我幫忙一批一批寄往內地，那邊開課很急，遞送緩不濟急。那半年，灰頭土臉，很像上面要給你考驗：究竟要信任小我小聰明、還是放手信任來自上面更大的我接手？

正當年底焦慮著出版社的押金能不能拿得回來時，總編告訴我們：「賣完囉！你們要不要考慮二刷？」啥？是怎麼辦到的？我跟 Esrah 分隔兩地，但電話裏高興地彷彿已牽起手，手舞足蹈雀躍歡慶！

就是這樣神奇的兩個人，忙家庭忙孩子的午後，講講話，天南地北聊起接收到的訊息，就可以在心靈上獲得莫大的滿足與支持。我跟她分享我的師資培訓收穫，她與我分享她新學的古老馬雅不可思議的共時，我那藍鷹的視野，也只有與 Esrah 分享時，獲得莫大的喜悅與快樂!!

疫情這一年，Esrah 終於更打開了身體載體的發生器，連結的速度更快了，每天收到的訊息更簡潔有力地字字珠璣，完整傳遞需要透過她所傳遞的。

這本書的產出很快，也是地球揚升的時候到了，訊息來自更高維度次元，不囉嗦、一氣呵成。這是一本訊息解碼的書，文字、圖騰，無一不訊息。有賴你打開心走進去，與內在更高維度的自己相遇。

Ana-Yvonne

安那知客室 -TimeWaver & Healy 德國量子心靈意識教練

很榮幸能夠給這本書寫推薦序，更加榮幸的是我和作者 Esrah 是馬雅的好姐妹，我人生最珍貴的十五年就是在馬來西亞度過的，也因為有這樣的經歷，所以才和她有更多共同的語言可以溝通。

我非常欣賞她的文字，是那麼自然走心。記得第一次看她的書，就被「星際馬雅人」這五個字深深的吸引，再後來因為和古馬雅神奇的緣份，我決定來墨西哥定居，並創立古馬雅星空大學，Esrah 也加入其中成為馬來西亞合夥人，她對墨西哥神秘的馬雅文明充滿了好奇心，冥冥中我們倆彷彿都帶著星際馬雅人的使命，在世界各地用不同的方式來傳承馬雅，深深感恩這份溫暖的愛和支持！

當你翻開這本書，你會發現你的內心非常的平靜，你會通過她溫柔靈性的文字，感受到對這個世界的愛、對地球媽媽的愛。私下裏她也是一個非常貼心的朋友，我知道在這幾年人和人之間的接觸彷彿都是通過網路，但我確實忍不住想和大家分享關於 Esrah 在生命中是一個什麼樣的人。

每次和她聊天你都能感覺到如此的簡單和輕鬆，即使我遠在墨西哥，但我們彼此也會經常聯繫，甚至期待和她下一次早點見面，她會在線下課貼心的為你準備酵素和點心，也會帶你去品嘗吉隆坡最好吃的素食餐廳，她喜歡用自己的方式去呵護地球媽媽。

這本書就像一個星際寶寶，在 Esrah 這麼有愛心的媽媽的關愛下，精心孕育而出。我真心的想要恭喜她並擁抱她。正因為有這麼多的愛的灌溉，所以當你翻開這本書的時候，你感受到的一定也是滿滿的愛，更高維度的愛。

星際馬雅十三月亮曆是一個非常智慧的工具，同時它也打開了我們的宇宙觀，能夠用另一種更加廣闊的視角去欣賞生命中的一切。它也是一個連接地球上所有星際小夥伴們最好的召集令，遇見馬雅遇見愛，讓彼此互相成就互相照亮，去發現真理傳遞光明和溫暖。

感受時間是藝術，我們完全可以自由地體驗各種星際的探索，我相信這本書會成為你每天必看的探險家指南針，接收到星際馬雅人的訊息，通過踐行去感受生活本身就是最偉大的老師。

我會把這本書作為最珍貴的禮物送給我的幾位好朋友。

Sany 人魚靈

《遇見瑪雅遇見愛》作者

美洲女性薩滿藥療師

墨西哥古馬雅星空大學創始人

讀者回饋

昨天晚上看到這段話時，感受還不是特別深刻，今天早上一到公司就聽到了一個故事，聽完以後再讀，感慨不已。感覺 @Esrah kin124 共振的黃種子 傳導的訊息和每天現實生活中的發生無縫對接。

沒有具體計算這是我朗讀的第幾天，只是非常非常的感恩，想要邀請更多的夥伴一起朗讀 Esrah 的文字，因為這幾天發生了一些奇妙的事，我通過朗讀似乎獲得了一些「預知」能力。來到公司之前，腦海中會有一個人或者一件事的圖像，有時候是一首歌曲。等電梯的時候就果然發生。驚呆。

抱抱，期待你的新書，我想根據你的新書寫 260 天的讀書筆記，作為感謝和紀念。

藍月，Kin199 自我存在的藍風暴，中國

Shanti 讀後感：

我不懂馬雅日曆，我也不會算，但是我特別喜歡這些有能量的文字。今天讀 Kin213 超頻的紅天行者，振動到的就是我內在想活出真實的自己的這份意願、想法和能量。活出自己本自具足的能量，這需要突破很多，放下家庭能量的影響，放下各種角色變化所帶來的能量干擾。只有你展現出了真實的自己，你才能自由地、流動地、愉快地穿梭於這個世界。

Shanti，中國

這五天一直在看老師的文章，對我的幫助非常實在，終於在今天散步的時候，獲得了消失了好幾年的「進入當下」的感覺。

暗度，中國

@Esrah kin124 共振的黃種子

聽到你又要出書的消息真的好開心，你是我遇見的難能可貴的人，能夠把輸入和輸出做得純粹享受、渾然一體，真的看到一顆共振黃種子，寂靜地長著，安然自若。每一個當下都似曾相識，那都是花在凝然綻放的瞬間，填滿了存在的整個時空。

彭楓媛，中國

- -

謝謝老師，每每讀你的畫和文字，都覺得好溫暖。

鄭喬雲，台北

- -

閱讀 Esrah 姐的能量訊息已經有 3 個多月，這也成為我每日生活中必不可少的一環。一開始我以為，能量訊息只是提供一天的指引，驅散縈繞在眼前的陰雲，讓我感受到宇宙無時無刻都如慈母般呵護著每一個人。但漸漸地發現，Esrah 姐在用身體力行的方式，真正踐行著 13 月亮曆中的古老真理，並把這種樸實但又珍貴的踐行，潤物細無聲般滲透到每一位閱讀訊息的人身上。

懂得和活出來之間，有長長的距離，這個世界上有許許多多把理論講得精妙的老師，但知行合一，並在每一日的平凡生活中知行合一，可能會少許多。

感謝宇宙的安排，讓我能在冥冥之中遇見這位修行前輩，並從心底去感悟那份來自源頭純純的愛。用「一個靈魂去喚醒另一個靈魂」來形容 Esrah 姐對我的影響，一點都不為過。

聽聞這本新書的出版，內心欣喜有加，希望更多有緣之人能藉此機會邂逅 13 月亮曆，一同前往內心深處的美麗花園。

吟吟 Peace，中國

- -

雖未謀面，但我真的喜歡乾乾淨淨純純粹粹的您。

而且現在您的文字越來越言簡意賅，不離主題，我能感受到非常強的愛意，濃濃的，每次讀到都可以化解掉拉扯的糾纏能量。感恩有您！

李佳嚀，中國天津

感謝 Esrah 的陪伴，感恩馬雅 260（2）的陪伴，每日調頻就像一個坐標時時提醒我們自己原本的樣子和使命。在生活中，看見自己真實的樣子，接納當下的人事物，感受自己的感受，創造想要的體驗。時時精進，時時放鬆，時時快樂。

火娃，中國

這些年陸續接觸過不同的曆法老師，百花齊放，百家爭鳴。Esrah 無疑是其中很特別的一位。看似簡單的塗鴉加文字下載，構成了如詩如畫的韻律，在時間的流淌中，帶來源源不斷的靈感。謝謝你潤物細無聲的推動，指引我繼續深入走向內在探索的旅程，將沿途積累的珍珠，一顆一顆，串聯成美妙的項鍊。

Shula，中國

Para mi, eres, una persona muy sensible, me gusta leerte, porque tú escritos son frescos, geniales, a veces te refieres más a la naturaleza de ser del entorno que describes que las energías interpretadas de los glifos cósmico planetarios de los Mayas. Eres muy intuitiva e inspirada por el Arte. Toda tú eres un sueño que se hace realidad cada instante. Desde un principio veía tus dibujos envolviendo en luz los kines diarios y siempre tú imaginación te lleva a ser un Poema, agradezco tu amistad, desde San Luis Potosí, México recibe un abrazo de la auntie de Jocelyn.

For me, you are a very sensitive person, I like to read you, because your writings are fresh, great, sometimes you refer more to the nature of being of the environment you describe than the energies interpreted from the cosmic planetary glyphs of the Mayans. You are very intuitive and inspired by Art. All of you are a dream that comes true every moment. From the beginning I saw your drawings wrapping the daily kin in light and your imagination always leads you to be a Poem, I appreciate your friendship, from San Luis Potosí, Mexico receives a hug from Jocelyn's auntie.

Jocelyn，墨西哥

2019 年 Esrah 出版了一本《馬雅 260：來自星際馬雅的能量訊息》，那時候的我，還不太清楚所謂的能量，只是覺得翻閱其中的文字，竟然被共振吸引了，有一種它說到了我的點、直指我當時的狀態。或許，這就是同頻共振的開始。之後，我便與 Esrah 在 13 月亮曆有更多的連接與學習。如今 2022 年，在全球歷經疫情肆虐下，我們共同經歷好幾次 260 天卓爾金曆的循環與成長，我在 Esrah 身上習得更多將 13 月亮曆落實生活去修行的分享。

隨著每天跟隨圖騰、調性感知意識，這份意識便提醒了自己如何過好當下的每一天。逐漸地，我在 2022 農曆年後重回職場，開展自己另一階段的旅程。現在回頭看看過去，自己在思維及行為上成長許多，體會到什麼是勇敢拋下不適合自己的人事物，體會到生命總是不斷螺旋上升的經驗等等，這些很難用文字確切表達清楚，但是一旦你連接了便懂得。

期望正在閱讀的你，也能像我當初一樣被電到，恭喜你，你的人生即將展開新的面貌了。

小青，電力的黃太陽，台北

目錄

目錄

紅龍波符

KIN1 – KIN13

憶起真實的自己

紅龍波符第一天，磁性的紅龍。

天地之初，一切靜止。

當能量開始流動的時候，天地開始創造，從靜止的能量流動出驚天動地的開創，強大原動能量，源源不絕，陰陽流轉合一，終而復始。

天地萬物的創造源自於這股強大的原動力。它就在你我的心中。我們來自源頭的轉動，我們繼承了這一股能量，它能夠源源不絕的為我們使用。

雖然它可能迷失在我們在世俗的沉浸中，我們忘了自己的源頭，我們忘了自己，我們丟失了自己連接源頭的能力。

它像一條沉睡的龍，需要你去喚醒它，並學習去駕馭它。它就在你的心中，等待你的覺醒，等待你的呼喚，千年、萬年、億年，直到你想起了它，連接它，讓它為你帶來源源不斷的原動開創，憶起真實的自己。

呼吸是我們最真實的朋友

紅龍波符第二天，月亮的白風。

呼吸是我們最真實的朋友，它會告訴我們許多關於自己的訊息，它也可以療癒我們。

當我們呼吸急促的時候，它在告訴我們，我們在緊張、我們在匆忙、我們在追趕。當我們閉氣而不自知的時候，它在告訴我們內在的恐懼占據了我們的心。當我們放鬆自在的呼吸的時候，它告訴我們這是對的頻率，保持這樣的呼吸能夠帶給你心平氣和。

當我們在運用呼吸的方法，排除體內的濁氣，吸入高能量的空氣時，它帶給我們健康與茁壯。當我們在靜坐中連接和自然運氣的時候，它帶給我們許多的療癒。它是我們的真實朋友。

有時我們會忘了呼吸，忘了真實朋友的存在，我們揮霍著我們的能量、我們的精氣神。我們一直在使用，忘了儲存。氣在，人在；氣亡，人絕。我們要常常想起這位好朋友，讓它把我們帶回當下，在當下的這一刻回到自己的心。

當你能夠安住在你的心，你回到了源頭。

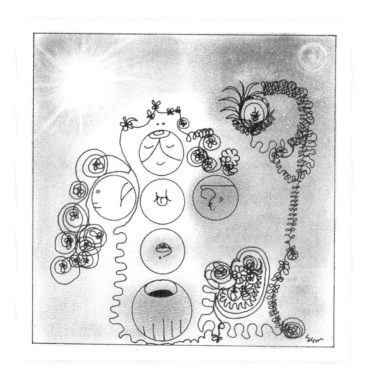

這是一個恩典

紅龍波符第三天，電力的藍夜。

你來自古老的源頭，連接著歷代祖先的能量。在你之前，祖先開天闢地，一代又一代，奠定了你今天活在這個世界上的基礎。

我們永遠無法理解他們經歷了多少的千辛萬苦，多少的努力和嘗試，多少的體驗和經歷，把這些知識和體驗的訊息傳導給我們。我們非常幸運地能夠運作在他們的能量之上，開創新的東西，活出提升和豐盛的自己。

古老的源頭為我們鋪好了一條通往豐盛的道路，我們只需要去把它激活，啟動我們內在連接的那一個管道。我們可以在這條大路上盡情地創造、體驗、夢想一切屬於我們的豐盛。

這是一個恩典。

你有自己的節奏

紅龍波符第四天，自我存在的黃種子。

萬物生長於大地，成就於大地。這是一個細潤的過程。

我們有自己生長的程序，這一切都寫在了我們的生命藍圖。你無需知道這程序是如何編寫的，它自然會依照程序的模式出現。你有自己的節奏，成長的韻律。

萬事萬物有自己的成長節奏和韻律。我們要隨順這些成長的節奏和韻律，在自然中長出我們的樣子。我們不能去干擾，增添太多人為的東西，欲速則不達。

我們在自己的韻律和節奏中吸取天地的精華，連接天的能量、地的能量，在我們體內生成光，支持著我們的成長。

我們是那麼獨特，沒有人是一模一樣的。你要去看見自己的獨特性，活出自己的獨特性，開出自己獨有的花朵，開創一條屬於自己的人生道路。

生命生生不息

紅龍波符第五天，超頻的紅蛇。

很多物種在地球都有生育繁衍的能力，生命生生不息，繁榮昌盛，各類物種百花齊放。這是地球的生命力，它提供了一個空間，讓萬事萬物在她的身上共生共榮成長。

這也是生命要告訴我們的，生命是源源不絕的，我們的生命力是那麼旺盛，它能夠讓我們創造和開創，在物質層面、在靈性層面。

這也是我們的一個蛻變過程。當我們把生命力應用在物質的開創和創造，它會引領我們在這個基礎上體驗，最後活出生命力創造中更細煉的那個部分。

我們生命中有許多的考驗和體驗，測試著我們對生命的熱情和意志力。這些都在幫助我們轉化成為一個更完整的自己，回到自己原來完整的部分。

生命會有斷捨離

生命會有斷捨離，這是生命一個平衡的過程。我們累積了許多不屬於我們的，又或者像植物的新陳代謝，在光合作用中我們提取了我們所要的，但要代謝掉我們不需要的。這是一個平衡的循環過程。

人也是一樣。我們在學習，我們在體驗。我們不斷地在提取我們需要的學習和體驗的資源，但是在這個過程中也有很多東西需要被代謝出來，去放下和斷捨。這樣我們才能夠繼續和平衡我們的旅程。

當我們需要成長和提升的時候，我們需要去提取和代謝的更多，而且是在不同的層次，不同的高度。這一切都是為了連接更高的自己，成就更真實的自己，形成跨越世界的大橋，讓我們能夠服務於更高的世界和更高的自己。

我們無法保留太多舊的，不合時宜的。這個世界一直在轉變，我們也是一直在更新和轉變。我們要在提取和代謝中平衡，讓自己穩定在生命的大橋中，去開創屬於自己的天地。

Kin7

每個生命帶有不同的意義

紅龍波符第七天，共振的藍手。

人世間我們體驗了生離死別。我們以我們的認知去詮釋生離死別，我們帶著巨大的傷痛緬懷在許多記憶中。

我們要去瞭解每個生命帶有不同的意義，我們在這個人世間創造屬於自己人生的意義。我們知曉了許多事物，但最終我們要知曉人生終極的意義，宇宙終極的真相。

我們並不是白白地過一生，我們共振著的是我們的生命藍圖。我們最終要活出的是最真實的自己，為自己帶來生命的開創和療癒。

生命並未因此而結束，我們延續著生命，在不同的維度。我們與源頭是如此緊密地相連接，生命心相續。

在不完美中找亮點

紅龍波符第八天，銀河星系的黃星星。

如果你用心的去感受生活，你會發現生命有許多美麗的看見。

生命不是一成不變的，生命的變化就在生活的細節中。可能有一天你會突然感受到你一直以來都在圍繞著的人事物給予你不同的視野、不同的感受和覺察。

你會突然發現，你一直在埋怨的東西可能突然變得美麗了。這是因為你的心境提升了，你不再以舊的視野去看待事物，你看到了事物獨特的那一面，你不再把視野專注在它們的缺點，你懂得在不完美中找亮點。

你的生命不再受困於不美麗的執著。你會看見事物的美麗來自你美麗的視野，是你賦予這些事物美麗的看見。你會發現一切都是滋養、一切都是和諧，你在和諧和滋養中為自己增添美麗。

流回大生命的光海中

紅龍波符第九天，太陽的紅月。

生命大河的流動帶來了許多滋養。

生命不是一片空白，我們來自源頭。我們的誕生跟源頭相連接，我們有著許多古老的記憶，我們攜帶著祖先的基因，基因裏隱藏著許多的訊息。

我們會在生命的流動中展開這些古老的記憶和滋養。生命帶來了許多的恩典，讓我們能夠吸取天地的能量，連接天地的能量，滋養我們的肉身和精神體。

我們需要讓生命流動起來，流動能夠承載我們生命的成長，也能夠承載我們在生命中的創造。

我們有著許多古老的記憶，也承載著許多人類集體的意識。我們要在流動中去療癒自己和人類不平衡的那個部分。我們也要在流動中去淨化自己的生命，讓生命可以往更廣闊的河床流動，為流入大海而做準備。

生命最終要流回大生命的光海中。

在愛中回到源頭

紅龍波符第十天，行星的白狗。

在愛中回到源頭。

或許你看見的生命是一條直線，但是生命一直都是同時存在。從遠古到至今，生命一直同在。或許你看見的是生命一去不復返，但是生命並沒有消失，它只是以另一種方式存在。我們的理性頭腦無法感知，我們的心卻是知道的。

遠古的那一份延續，它一直在影響著我們。我們來自古老的源頭，心心相續。

這一份愛一直陪伴著我們，滋養著我們。我們從來就不孤單，它是一種無形的力量，默默地在支撐著我們，給予我們無限的力量。

我們在愛中延續了這一份美麗。我們也要在愛中回歸這一份連接。它已經錨定在你的心裏，當你能夠回歸到你的心，在你心上的某一個點，點燃愛的火光，它會帶領你回歸生命的源頭。

Kin 11

回到內在自然的引導

紅龍波符第十一天，光譜的藍猴。

回到內在自然的引導。

很多時候我們想往外祈求，希望外在能夠給予我們所需要的引導。我們不外是在尋求安全感、尋求認同，怕行差踏錯。我們沒有創新，沒有像孩子般擁有不畏懼一切去嘗試的心。

我們困在了傳統、固化和標準的捆綁。我們要把這些通通拋掉，重新回到我們赤子般的心，一切都是嘗試，一切都是開創，一切都是樂趣，而不是小心翼翼地害怕這裏出錯、那裏犯錯，只想遵循舊的道路，循規蹈矩，寸步難行。

我們擁有開創的力量，但我們也要擁有開創的勇氣和開創的心去把它付諸行動。

你是自由的人

紅龍波符第十二天，水晶的黃人。

我們常常會被許多念頭帶走，無法停留在當下的這一刻。我們的腦海中總是縈繞著許多的念頭，把我們從當下這一刻的覺察中帶離，進入環環相繞的念頭，一個又一個，永無休止。

這時你要把握自己的呼吸，利用你的呼吸的覺察去按停止鍵，通過你的呼吸留在這一刻，看著你的念頭，就好像一個在轉動的遊戲場突然被靜止了。你開始走了進去，看看每一個靜止的人事物，看看他們的表情，看看他們的動作，感受他們的情緒，覺察他們的意圖。

你拿出了放大鏡，更加仔細地再去揣摩他們來自哪裏，他們必定有一個源頭，生成在你的系統裏，停留在你的系統裏，每天干擾影響你的決定，甚至你以為它就是你的一個部分。你要細心深入地去發現他們對你的影響，他們如何左右了你，他們如何引領了你來到你目前的狀況。

你是自由的人，卻安裝了許多讓你不得自由的內在思維導圖系統，引導你正在往某一個方向去思考，反應和做決定。你要在日常的覺察中暫停這些按鈕，把畫面打住，進去觀照。然後再從中出來解除系統操作的電路。

你是多維度的存在

紅龍波符第十三天，宇宙的紅天行者。

我們的力量是從內往外發散的。你的力量是來自你內在的穩定和平靜。

你無法一直往外去尋找，希望獲得你的力量，它一定是先錨定在你內在的空性和定，再由這裏放射出來，就好像一切的光束必定先從宇宙核心釋放和放射出來。

你是多維度的存在，你的光來自多維度的中心，它們又聚成一個中心，來自你光體的核心。你是多重光輻射，把不同的自己連接在不同的平行宇宙。

你既在這裏，又在那裏，你無所不在，每一個空間都有我們的足跡，每一個時空都有一個自己。

我們以這樣多維度的形式存在於天地間，開創於天地間，超越於天地間。

白巫師波符

—— KIN14 – KIN26 ——

臣服於生命的每一個發生

白巫師波符第一天，磁性的白巫師。

接納臣服於生命的每一個發生。每一個發生都有其空間與時間。並不是每一個細節我們都能夠把控，做到完美無缺。

生命的每一個發生都有它的因緣，每一個因緣在時空中變化無窮。我們要順應這些變化，從變化中學習和體驗，然後把這些經驗，學習體驗的智慧與能量用於下一個時空。

當下一個時空點出現的時候，我們能夠更有智慧地融入這個時空點，在這個變化的時空點中變出更多的魔法，創造非凡的恩典。

每個時空點重疊於上一個時空點，也承接於下一個時空點，看似無關的訊息卻是關鍵的連接點。每一個能量點同時存在，相互牽扯。我們要留守在自己無時間的中心，靜觀連接這些時空點。

這是我們在變化中創造和變成魔法的契機。

生命有粗有細

白巫師波符第二天，月亮的藍鷹。

當我們飛在高空的時候，有時候我們會忽略生命中的許多細節；我們享受在高空中的自由，我們沉浸在高空中的視野，我們忘了生命中還有許多要去處理的細節。

生命不執著，但也要鋪陳基礎的設施。在生命底下，有許多細的東西需要我們整理和釐清。我們總不能一直往大處著手，我們也要在小細節中著眼。

生命有粗有細，你要有敏銳的心去感受生命中的細膩情感及能量的變化。你也要有一顆寬大的心去承載更大的看見。終究我們需要的是一個平衡，你無法面面俱圓，但你可以處處用心。

我們生存在這樣的一個時空，我們在愛的時空裏打造我們生命的旅程，活出自己圓融接納的面向。

我們同在一個屋簷下

白巫師波符第三天,電力的黃戰士。

生命之河無窮無盡的在流動。我們是一個小流支,流進人類集體的大流支,再融入到生物生命物種的大河流,流入行星宇宙浩瀚大海流。

生命繁榮昌盛地融入到了一體,進入到了進化的河流。我們是宇宙天地間的一個小生命點,但確實又有著自己生命光的一個席位。

我們跟宇宙原為一體,我們卻以為自己是獨立分開的。生命相互連接,在無形的網路中,我們彼此是大家的一個點。

當大家能夠看見這一個點,我們的心相連接,一切都會亮起來,你照映著我,我照映著你。我們回到了一個大家彼此相融的世界,這個世界是我們的家,連通天地萬物的家。

我們同在一個屋簷下,踏上生命旅程的終點,回歸自己無時間的狀態。

慢下來

白巫師波符第四天，自我存在的紅地球。

當你慢下來，才能夠看清身邊的一切事物。匆匆忙忙的腳步會把你從一切美好的事物帶走，你無法感受花朵的美麗，你無法領受呼吸流動帶來的訊息，你無法看見天空白雲細膩的飄動。

這一切都是美好生命的連接，你會從這些連接中感悟和體會生命起起落落的變化。你會從生命的這些變化中參悟生命流動的秘訣。

我們的心會跟隨生命的流動，去連接一切與它共振的。我們要把握當下的這一刻，感受生命在無限流動中的這一個當下帶給我們的是什麼。

這個當下你在感受到的是什麼？這個當下你在連接的是什麼？你要了了分明，停留在這一刻，參悟自己，明白自己，導航自己。

你想為自己創造的是什麼？你想為人類創造的是什麼？你要在這一刻靜止自己，靜止生命的匆忙和混亂，回到自己內在最深刻平靜的一個點，讓自己安住在這一個流動中去覺照自己的無明。

一切都是訊息

白巫師波符第五天，超頻的白鏡。

當你看見外在的一切事物，它們都有能夠為你傳達訊息的一個部分。我們生長在的這個時間與空間，一切都是訊息，一切都是能量。

你看見了一朵花，你看見了一隻貓，你看見了一件事，你遇到了某個人，你擁有了某件物品，你升起了某個感受，你引發了某個情緒，與你內外互動的所有東西，它們都在為你傳遞一些訊息。

你要學習正確的去捕捉和解讀這些訊息，這些訊息才能為你所用，為你帶來智慧的用途。

我們內在也有著許多的訊息，來自你的學習體驗累積，無論是今生還是前世。我們無時無刻不在這些訊息中流轉，它們也在影響著你捕捉和詮釋訊息的能力。

有些訊息被你領悟了，也有些訊息被你扭曲了。你要學習回到自己如如不動的中心，看見這些訊息真實的本質，它們如何被你詮釋，它們如何與你共振。

你要像一尊佛，深具慧眼，看清所有事物背後的真相。

定在自己的中心

白巫師波符第六天，韻律的藍風暴。

花開花落，雲聚雲散，生命總是充滿了變化。

我們在觀照自己生命中的許多變化，它要帶給我們的訊息是什麼。你如何去應對這些變化，你的起心動念，你的言行舉止，你的生命的來去，你的當下體悟。

這一切都是你要去平衡的。在每一個變化當中，你是否臣服接納、抗拒否定，這都跟你內在的定力有關。

你是否能夠及時回到自己定的中心，你是否能夠把能量錨定在這裏，遇到變化時，仍然能夠在風雨中觀看變化和彩虹，這跟你是否培養了自己內在定力有關。

當你能夠定在自己的中心，你不怕一切的風暴；你能夠等待，你能夠強大，你能夠堅定，你能夠彎曲，你能夠靈活，你能夠寬容，你能夠接納，你能夠淡然。

這需要鍛煉，不斷地修煉自己，在各種體驗中不斷地被拋了出去，又不斷地覺知回歸。

終有一天，回歸中心的不動。

我們都是美麗的太陽

白巫師波符第七天，共振的黃太陽。

生命有很多禮物，你要一一地去看見。

我們流轉在生命的河流中，我們催化著自己的進化。我們在生命進化的大河流中，我們帶動的是一個更大的流轉。

我們是太陽，照耀著自己；我們是星星，閃爍著自己的美麗；我們是月亮，帶動著自己的潮起潮落。我們是世間一切的一切，每一個角落都有我們生命的連接。

我們在自己的時空點中連接著這一切的一切，共振著這時空點帶來的連接。我們照耀了自己，也照耀了別人，我們在生命的連接中活出了自己的本質，也讓自己點燃了這個時空點的一束光，照亮了這一個空間。

我們都是美麗的太陽，我們能夠燃燒自己，照亮自己，溫暖自己，普及他人。

我們是天地的一點光

白巫師波符第八天,銀河星系的紅龍。

當生命進入了最原始的狀態,我們是天地的一點光,來自宇宙全息大光芒的一點光。我們是一個全息體,我們擁有所有的訊息,整個宇宙的包羅萬有,在我們的心中。

我們來到了凡塵,忘了自己,忘了全息,忘了光。我們平凡地在人世間,平凡地讓自己生命流逝,我們忘了自己的偉大,我們生命在流轉中遺忘了自己。

我們內在有著強大原始的動力,催化著我們尋找自己的路,回到生命光芒萬丈的地方。我們會憶起生命的來處,我們會回到自己的光,我們會活出自己原始的開創能量。

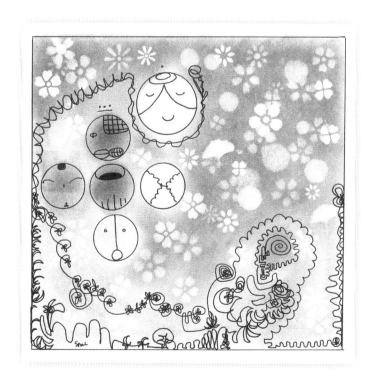

內在的導航系統

白巫師波符第九天，太陽的白風。

每個人的內在都有一套導航系統。這套導航系統會帶領你在人生的創造中往哪個方向去、往哪個層面發展。

我們有兩套系統：一個來自你內在靈魂的自己，一個來自你生命系統小我的部分。一個以活出自己，服務於更大的世界為主；一個以生存為主，活出被感到安全存在為主。

一個會帶領你往更大的臣服與接納，你會看見天地間運轉的法則與空間，你會在這裏創造與變化魔法。一個會帶領你保護脆弱的自己，抗拒命運的發生，想抓取殘留的記憶不放，不願離開自己熟悉的區域。

這些都表達了你生命中運轉的方式，它在幫助你穿越和到達更大的自己。你不必擔心生命的停滯，它必定會有更大的轉變。你要去看見生命中無法流動的地方，這是你無法接納的臨界。

生命會在表達和傳播中回歸它的平衡點。

生命如此地豐盛

白巫師波符第十天，行星的藍夜。

生命如此地豐盛。

如果你能夠觀察入微，你會發現生命的處處豐盛。

我們在生命的各種體驗中發現自己的豐盛。生命總會帶領我們來到各種心酸、悲傷、無助、憤怒、委屈Ｉ絕望等等，卻又在這些心碎的路途中峰迴路轉，利用我們的意志力、堅定心、樂觀心、喜悅心去扭轉似乎已經陷入黑暗的面向。

我們活出了豐盛，在豐盛中認識了自己。我們有千百種方式去幫助我們回到自己的豐盛。這不是偶然，這是生命中原本就隱藏的豐盛，以各種形式存在，你也要以各種形式去啟動它。

我們內在有無數個面向，帶給我們無數個不同的體驗。這一切都在激發你在愛中體驗豐盛。你可能不知道，生命沒有什麼無法穿越的痛，只要你把它扭轉成為一個寶藏，一個開啟你豐盛的寶藏。

每一個當下有千萬種變化，你有千萬種存在的可能性，你不是當下所看見的這個自己，你還有更多你看不見的自己。你要回到自己的如如不動，細膩的感受每個當下存在著各種可能性的自己，每一個自己都是一個豐盛的自己，等待你去挖掘的寶藏。

放下對自己的期待

白巫師波符第十一天，光譜的黃種子。

　　你要放下對自己的期待。我們有時會失去耐性，會急促的想要達成某些狀態。但是，生命擁有自己的節奏，它會跟隨一定的韻律行走。

　　每個狀態都有一個成長期，它需要時間和能量來醞釀。當你處在某個狀態的時候，你必定是處在某個狀態的能量和成長階段。你要去瞭解這個狀態的特質，安住在這個狀態的旋律，並從這個狀態的旋律中尋找自己成長的規律。

　　你無法心急地快速成長，因為你的能量和狀態還未能支持你達到更快速地成長。你要一步一腳印，把你的基礎建立穩定，在這個穩定的基礎上疊加和探索，為自己注入更多支撐你擴展的資源與能量。

　　生命都是依照自己的成長規律和你覺醒的程度而擴展。你要回歸自己的覺察，知道自己體驗的生命規律和韻律，在這個節奏中去探索生命的喜悅和成長。

生命的彩虹光

白巫師波符第十二天，水晶的紅蛇。

生命歷經坎坷，迫使我們臣服於更大的接納。當我們能夠臣服於更大的生命學習，生命就會為我們敞開更大的旅程，讓我們看見更多可能性的自己。

在生命的旅程中，有些人經歷了坎坷，考驗生命力的堅韌，有些人卻未經生命的大風波，在平淡無奇中度過。

當你回首生命的苦難，歷經的滄桑艱辛，這卻也是一條康莊大路，讓你擴展自己的心智與胸懷，讓你體驗更多的寬恕與接納，你的生命層次會因此而提升。你不會只停留在原地，你能夠在一個很短的時間內擴大了生命的氣場和格局。

這是你在自己的內在空間裏跟自己攜手合作的成就，這也是你在天地空間內跟宇宙攜手合作的機會。

當你的心存在著闊大的胸懷，你能夠用愛的眼睛去看見每一件事物的美，你會在生命坎坷的體驗中為自己建立一個闊大的門戶，走入生命精彩的宮殿，為自己帶來生命的彩虹光。

集體合成的夢想

白巫師波符第十三天，宇宙的白世界橋。

生命的一切發生是為了更大的連接。

我們就在此時此地感受著當下的自己，我們似乎微不足道，只是天地的一個小沙粒。但我們卻是有著巨大無比的心，這個心能夠帶著我們去擴展一切。

我們可以去連接一個更大的自己，一個與宇宙相連接的自己。我們有渺小的自己，但是我們也有跟宇宙相連接巨大的自己。

所有一切生命的發生都是為了擴展，讓自己活出與天地同高的自己。我們跟宇宙同為一體，我們跟所有的生命同為一體，毫無間隔，在生命的大海洋中相融同體。

當我們能夠活出跟宇宙相融的自己，我們會知道一切事物無分你我，共生共榮，同體大悲。我們在一個世界的大傘下追逐著我們的夢，一個集體合成的夢想。

藍手波符

—— KIN27 – KIN39 ——

穿越及療癒我們自己

藍手波符第一天，磁性的藍手。

在生命的旅程，我們歷經生命的許多創造。生命是一個創造的過程，我們在生命的創造過程中體驗，學習和穿越。

我們歷經生命的考驗，我們在考驗中穿越及療癒自己。在這個過程中我們知曉了許多生命運轉的法則，我們通透了人世間各種的韻律。

我們在這個過程中創造了獨屬於我們的學習，這體驗獨一無二。我們在學習中繼續創造，為這個世間創造更多的美麗與進化。

我們本身也是創造的一個部分，我們都是造物主美麗的創造，我們延續這一份美麗的創造。

生命的智慧

藍手波符第二天，月亮的黃星星。

在創造的過程中，我們總想要盡善盡美。我們希望一切事物達到我們期待的。

我們在關係上創造，我們在事業上創造，我們在家庭上創造，我們在金錢上創造，我們在很多事物上進行創造。但是，我們在創造的過程中往往收穫甜美的果實之外，還會附帶在創造過程中浮現和代謝出來的問題和創傷。

這是一個美好的過程，無論你的創造成果如何，這才是最美好的一個部分，它讓你成長、它讓你接納、它讓你臣服，它讓你變得更加成熟和有智慧。

當你能夠更加穩定、成熟和有智慧地看待每一個生命成長和創造的過程，你收穫的比美麗成果多千萬倍。

收割成果是一個必然的，你不用去計較成果的好壞，你要去看見這是一個藝術的創造過程。你是一個藝術家，你把生命中的題材結合你內在流動，創造出一切外在的人事物。你有怎樣的流動就有怎樣的創造。

而生命的智慧就是在這些流動中覺察你創造了什麼、你塑造了什麼，你如何把生命一次次的扭轉和翻新，塑造成你想要的模樣。

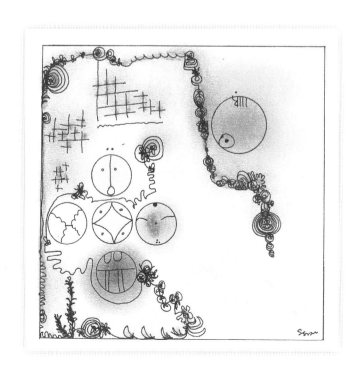

生命的流動

藍手波符第三天，電力的紅月。

生命的流動幫助你啟動了一切。

我們的生命是一條流動的大河。你體內和體外的都是流動不息的能量體。你的生命沒有一天是靜止的。我們在生命的流動大河中去創造、去活出自己的本質。我們的本質是流動的，我們並非固化，一成不變。

我們要隨順自己的本質去流動。生命中有許多美好的流動，這些流動帶領我們創造更美好的流動。我們要去看見一切事物背後流轉的法則，跟隨生命的韻律和天地間運轉的韻律，隨順自己生命中的流轉，活出內在愛的面向，不要隨波逐流而迷失了自己。

我們要清楚知道自己在流轉什麼、自己在創造什麼、自己在完成什麼。我們要在流轉中回歸自己生命的主權，隨順而不隨波飄動。

無條件的愛

藍手波符第四天，自我存在的白狗。

當無條件的愛出現時，療癒就發生了。

我們總是有條件地計算著很多的事物，乃至我們受困在這些人事物的束縛。我們產生了嗔恨、期待、貪婪、愚癡、無明、嫉妒，抓取和許多的捆綁。我們無法打開自己的心去接納更多的可能性，我們無法寬恕，我們無法釋放，我們無法釋懷。

我們尋求生命的答案，我們尋找生命的解放，我們想從束縛中離開。這一切原本就不屬於我們的，這只是在我們生命的創造過程中一個考驗我們，讓我們從中回歸無條件愛的旅程中的一些關卡。

當我們能夠意識到自己的捆綁，並願意無條件地放手，交托予更大生命的運轉，並從中去學習和穿越，生命會因此而不一樣。

無條件的愛帶來的是生命回歸無條件的接納和臣服。你願意無條件地愛自己、接納自己、看見自己、欣賞自己，你才能夠無條件地愛所有外在的一切事物。

這時，療癒才會發生。

我們擁有力量

藍手波符第五天，超頻的藍猴。

在生命浩瀚大海，很多時候我們會受困在幻象。我們以為眼前所見的都是真實的存在。其實它們只不過以能量的形式透過物質的狀態存在著。

這些物質呈相的背後都是能量的顯化。它們都是我們的創造、集體的創造、個人的創造。我們通過意識把它們創造出來，這些創造困住了我們，把我們停留在一層又一層的幻象遊戲場中。

我們擁有力量，回到自己的中心，這是我們能夠做的。我們需要穩定住在自己的中心，從中心投射出一道光芒，來自我們自性的本質、無染的本質，照見五蘊皆空，看破一切幻象。

我們身在幻象中卻不被幻象所惑，我們知曉一切的發生，我們知曉一切的運作。我們是生命的主人，我們授權予生命的力量。

我們能夠回到內在的平靜。

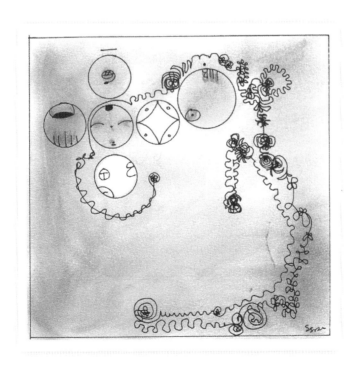

我們能夠自由地存在

藍手波符第六天，韻律的黃人。

　　我們在大自然中會看見自己的許多影子。當我們聽著鳥叫聲，看見它們怡然自得，自由地存在，它們勾起了我們自由的本質。

　　當我們看見大樹，如如不動地佇立在天地之間，我們看見了自己是天地的一個孩子。我們頭朝向了天空，我們腳連接著大地，我們承受天地的滋養和引領。

　　當我們看見了大地，我們感受到了生命的臣服，大地的承載和包容，承載著萬事萬物的存在。我們的心也像大地一樣，能夠臣服接納包容。

　　當我們看了天上的白雲，虛渺漂浮，若隱若現，我們知道生命的存在如天上的白雲，變化無窮，隨順因緣，以它們在天地間存在的韻律和法則運作。

　　生命是如此多變無常，我們要回到自己的主宰，看破生命變幻背後的故事。我們能夠自由地存在，我們的心不為世俗的規則所捆綁，我們能夠跟隨大自然的規律變化調整內在的不平衡，為自己帶來創造與療癒。

Kin33

生命的共振

藍手波符第七天，共振的紅天行者。

我們的生命共振著許多事情。當你看見一個人、一件事、一個物，出現在你的眼前或是進入了你的生命圈子，你可能會說這是我的選擇，或這是偶然。

其實我們並不知道這些人事物都是與我們同頻共振而出現的。我們有著怎樣的能量場，我們有著怎樣的振動頻率，怎樣的事物就會被帶入我們的生活圈、我們的生命場。

你要去探索生命中出現了什麼，你要去連接它們出現的因素。你要去知曉它們想傳遞給你的訊息是什麼？你要去明白一切都不是偶然，它必定跟你有著某些相關的因緣，它才會出現在你的眼前。

你是多維度的存在，你也是多維度的共振。你在不同的維度共振著不同的能量，顯化出不同的物質世界。

你的生命充滿著許多有趣的事。你要去探索、你要去連接，把它們帶到你的跟前，調整自己的頻率，與它們共振，服務於一個更大的世界，也服務於一個更大的自己，帶來生命許多美麗的創造與療癒。

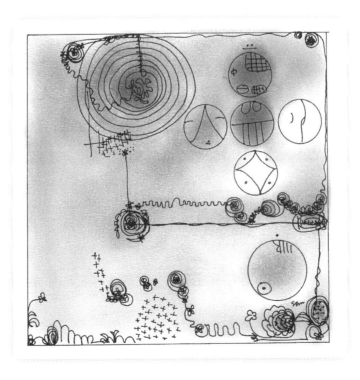

轉移時空點

藍手波符第八天，銀河星系的白巫師。

有時候我們看待事情會很悲觀，憤怒、絕望、恐懼、無助等等負面的面向。那是因為我們受困在這樣的時空點，在這個時空點我們進入了這樣的覺察。

當你能夠轉移時空點，進入一個更積極、樂觀、快樂、激勵、看見美好等等的面向，你整個情緒觀感能夠在瞬間改變。

你要培養自己能夠快速切換的這種能力。你能夠進入黑暗的時空點，你也能夠進入光明的時空點，這全看你能夠轉換的面向。有些人會受困很久，有些人能夠瞬間抽身，這無非是你能夠在時間和空間之間穿梭的自由度。

我們是自由的，我們能夠穿梭於時間和空間的時空，我們能夠轉換自己想連接的面向。但這也需要功力，你能夠安住在定和慧的功力。

增強你的心力

藍手波符第九天，太陽的藍鷹。

當我們跟許多人事物互動的時候，有時候我們會感到不舒服，這可能是一些激烈的呈現，這也可能只是一些細微的感受。這都是你要去療癒的部分。

我們的生命像一塊織布，織布裏面千絲萬縷，很多東西被編織到裏面，相互纏繞。有許多我們看不見卻又在影響著我們，奪取我們的能量與力量。

許多力量在我們的內在，但很多時候我們覺得無力、無助、無奈，因為我們的力量被卡住了、被困住了，被生命中許多隱形的創傷和卡點限制住了。

我們應該讓自己的生命往更高一層的提升，只有在生命更高的層次，你才能夠清晰自己的存在，你才能夠感受、覺察自己受困的面向。

你有能力為自己鬆綁。你有能力讓自己自由，不再受困。就從當下的這一點做起，覺察自己的不舒服，感受它來自那裏。第一層是表面的，往內去探索，它還有絲絲的纏繞，跟許多事物相扣。你要解開它，需要心力。

增強你的心力，讓自己能夠臣服，慈悲接納所有的可能性。

實際地去探索

藍手波符第十天，行星的黃戰士。

實際地去探索。

生命中很多的東西需要落地地去實行。你不能只是在空中樓閣做夢，你要把它們都付諸於行動。

從你的落地實踐開始，把你的夢想都顯化出來，把你的生命的理想實踐在人世間。你要從實踐中再提升，你踏在物質的顯化臺階上繼續你的探索旅程。

你必定是能夠先腳踏實地地落地實踐你的探索，把你的創造顯化在人間，然後再從這個基礎上顯化更高的創造與療癒。

Kin37

生命讓我們變得強大

藍手波符第十一天，光譜的紅地球。

生命讓我們變得強大。

生活是我們的孩子，我們像一個媽媽，照顧生活的層層面面，孩子讓媽媽強大起來。

我們為自己導航，我們在生命中摸索，尋找最適合我們的方式與模式。我們從生活中學習，從失敗中改進，漸漸地塑造成自己想要的模樣。

生活帶給我們太多的體驗，我們從體驗中穿越，尋找自己與自己最適合的相處模式，尋找自己與各種人事物最好的互動模式。

我們為自己導航，我們為孩子導航。我們成為自己的領導，我們成為生活的領導，我們成為他人的領導。我們變得強大，我們變得堅韌。我們放下一切不再服務於我們的，我們拿起一切幫助我們導航的。

我們在生命的洗禮中變成自己的領袖。

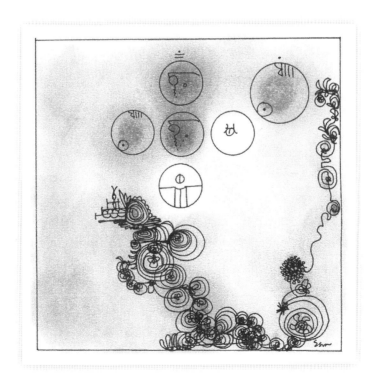

大世界包含小的世界

藍手波符第十二天，水晶的白鏡。

在一個更大的世界中包含許多小的世界，在一個更大的部分中包含許多小的部分，它們都是全息。小世界包含大世界，大世界包含小的世界。

我們的身體也是一樣，它包含了許多宇宙的訊息。它是宇宙全息的縮影。我們的生活也是一樣，它包含了大生命的許多訊息。你要細細地去瞭解生命所要帶給你的訊息，就在你的生活當中。

生活中所有的一切無不是訊息，它要帶給你知曉生命的意義。生活就像一面鏡子，它把你的裏裏外外都投射了出來，為的是要讓你去看見生命不是一個隨著時間流失而消失的東西。

生命是一個延續：裏面有許多你看不見的東西，裏面有著你祖先的全息訊息，裏面有著你自己靈魂的全息訊息，裏面有著人類集體的全息訊息，裏面也有著宇宙大自然的全息訊息。

生命像一個稜鏡，把很多的面向都投射了出來，讓我們在人世間上演了一齣戲碼，在戲碼中你會看見許多美好的和不美好的一切。

這些都是投射，來自你心中全息的投影，是你創造了這個投射。你是美好的創造者，你也是不美好的創造者。

你在生活中為自己創造了一切。

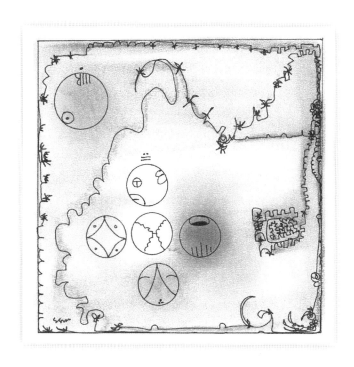

獨特的運轉

藍手波符第十三天，宇宙的藍風暴。

當你知曉了生命背後的一切運轉，你的生命會帶來巨大的轉變。

生命不斷地在變化，它背後有著一定的運轉規則。你會在生命的學習和體驗中去感悟這一切變化背後隱藏的規律。

看似無規律的變化，其實一切有其獨特的運轉。我們無法知曉，我們只有感悟和體悟，在這生命的運轉中去悟出當中的道理。

生命有兩種轉變，一種是糊裏糊塗地被動式被帶著運轉。一種是主動式的，體悟生命的變化而跟隨其節奏而運轉。

無論是哪一種轉變，它都是要帶領我們去看見生命不是一成不變的。生命是無時無刻的在變化，而這些變化其實都存在著一定的意義和原因。一些是我們自己的因素，一些是宇宙大自然運轉進化的因素，一些是時間空間交叉的因素。

這一些轉變帶來的是生命更完整的呈現，生命更高的合一。

黃太陽波符

―― KIN40 – KIN52 ――

找回自己的光

黃太陽波符第一天，磁性的黃太陽。

在我們的心中，有一個非常柔軟的地方，這個地方會觸動你的慈悲。無論你是多麼硬朗、強悍的能量，你還是會有一個柔軟的點，這是你天生的。

你會憐憫、你會慈悲、你會開悟，從這個地方開始。

我們的心會被各種各樣的東西牽動著，有些是我們自己想要的，有些卻不是我們自己想要的。你要學習去分辨，聆聽自己內在的聲音，你想要什麼或不想要什麼。它會帶你回到自己的心，去看見那個柔軟的自己，生命有靈活性的自己。

我們的心僵硬了，我們如機械般地回應外在的所有一切。我們失去了彈性，隱埋了自己的光，過著行屍走肉般的生活，不知道自己為何而活，不知道自己為何而終老。

我們要找回自己的光，就在那心中能夠讓你產生悲憫的那一個點開始。

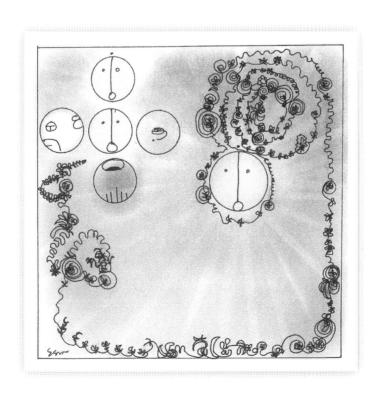

我們生來就有自己的潛能

黃太陽波符第二天，月亮的紅龍。

萬事開頭難，要去啟動自己不是一件容易的事情。我們已經沉睡了多年，要擺脫沉睡的魔咒需要自己的覺醒。

我們生來就有自己的潛能，我們擁有某些特殊的能力，這是我們的配置。只是我們荒廢了、不使用了，它生銹了，需要時間恢復原貌。

我們擁有強大的開創能力，這能夠為我們自己帶來強大的開拓能力，我們能夠在各種領域展現自己的潛能，我們能夠在方方面面呈現自己的力量。我們有獨屬於自己的特質，這一生我們要把自己的特質展現在人世間，為自己及人世間帶來更多的美好。

我們相互連接，萬物為一體。我們看似分離，實為一體。我們的一舉一動牽引著世界的一舉一動。我們都是這人世間的太陽，相互照耀卻又獨自發光。

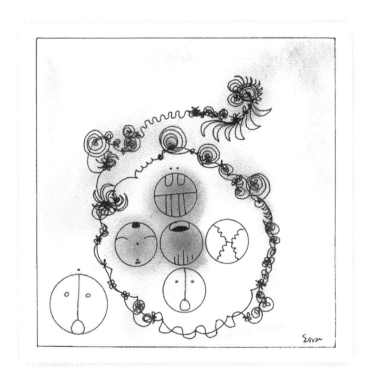

Kin42

靈性的自己

黃太陽波符第三天，電力的白風。

能夠帶著我們去流動的是內在那個靈性的自己。

我們居身於物質身體，這是我們的殿堂。它幫助我們完成許多人世間的事物，同時它也在幫助我們完成許多心靈上的事物。我們要對這個殿堂深深地感激和照顧。

啟動身體殿堂的活力，也在帶動靈性的流動。這兩者雖有其不同的功能任務，卻又是同步進行、攜手相合。你要從你的呼吸去感受自己的靈性，它在身體的殿堂進出流動，為你帶來生命的成長與氣息。

你要學習把你的呼吸放緩，慢慢地去覺察它們的進出和流動，它們帶著你靈性的氣息在你的面前流動。它在告訴你，你不只是物質身體的你，你還有靈性的自己。

你在呼吸中流動，與其他的生命相連接。你的光在你的生命當中，把它釋放出來，讓它一點一滴地滲透在虛空中，融入大生命的光中。

這點光會為我們照亮

黃太陽波符第四天，自我存在的藍夜。

我們擁有自己的一點光，這個光能夠在黑暗中為我們照亮而不迷失。

我們擁有自己的生命光，縱使我們會陷入黑暗，我們會陷入無明，但我們始終擁有自己的一點光，這點光會為我們照亮，帶回我們的良知，去尋找光明。

黑暗的來臨，彰顯了光的存在。不歷經黑暗，我們無法感知黎明，無法看見黎明光的展現。

面對黑暗，從黑暗中找出自己的那一點光。歷經黑暗的黎明放射出照耀的太陽光，我們從黑暗中成長，我們從黑暗中活出自己的光，激發生命光的展現與豐盛。我們都歷經了這樣的一個過程。

回到自己光的源頭，放射出自己的光芒，滋養自己，啟發別人。

生命會向光成長

黃太陽波符第五天，超頻的黃種子。

生命會向光成長，我們會往光的方向成長。

我們是天地的一顆種子，我們是為了開花而到來。我們擁有生命無限的潛能，我們自帶光芒，卻又蜷縮在細小的種子殼裏。

我們需要成長，我們需要對自己有信心。我們要知道自己的全息性，我們要看見自己的無限。我們擁有不同的成長方向，有些人會長成花的樣子，有些人會長成果子的樣子，有些人會長成大樹的樣子。

沒有誰比誰好看，沒有誰比誰強壯，沒有誰比誰更加有用處。每個人都有自己的一席位子，在天地間展示自己的美麗。物種的多元性和多樣性造就了天地的豐盛、美麗和繁榮。

我們要去看見自己的特性和潛能。我們要瞭解自己的節奏。你可能會經歷風雨，你可能會經歷生命的磨練和挑戰，但請不要懷疑，你是天地的一點光，你是天地光海的組成。

你授權於天地間的存在，去尋找和看見自己的一點光，讓自己在光中成長和開花。

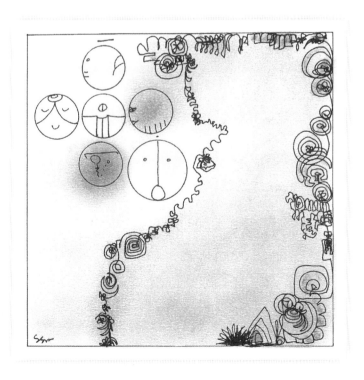

你始終要相信光

黃太陽波符第六天，韻律的紅蛇。

生命歷經許多考驗，但你始終要相信光，不要在考驗中迷失了自己的光。

生命不容易，我們可能會體驗到許多的困難和磨練，但這都是生命給予我們的信任。它相信我們擁有足夠的意志力和堅韌的生命力去通過這些考驗而蛻變。

這些成長會比一帆風順來得快，你可能在一個很短的時間裏掌握了生命轉化和蛻變的過程，這對於你的靈性成長有莫大的幫助。

它讓你更快速地成為自己的太陽，能夠把內在的光芒激發出來，照耀自己、成就自己、回歸自己。

Kin46

回歸自己愛的中心

黃太陽波符第七天，共振的白世界橋。

人世間當生命走到了盡頭，我們會面對死亡，這是很多人很恐懼面對的一件事情。

肉身會離去，但生命仍然會以另一種方式延續和存在。死亡讓我們回到了慈悲，對自己的慈悲，也對他人的慈悲。我們學會寬恕，我們學會寬容，我們學會臣服與接納。

我們不再堅持於自己的執著，我們知道人世間的生命是短暫的，我們值得對自己慈悲，我們應該放下事情的不圓滿，回歸自己愛的中心，用愛來看待一切。

這是一個轉化，也是一個穿越。當你能夠跨越生死這條大河，放下所有的執著和不圓滿，生命會為你打開另一扇門，這扇門會把你引進開悟的旅程。

生命是一個創造的過程

黃太陽波符第八天，銀河星系的藍手。

生命是一個創造的過程，利用我們生命光來創造的過程。我們是一個光體，我們擁有自己的光，我們能夠利用自己的光來創造。

在世俗的世界裏，我們每天忙忙碌碌，利用我們的精神，體力和時間，付出努力去創造。耗了一輩子，我們打造了自己的家庭世界、事業王國、社交圈子，我們很努力地在這裏創造。我們以為生命的到來就是為了創造這一切，然後我們就帶著無明離開了。

其實我們的生命還有更大的可能性、更大的創造。我們在多維度的世界裏存在著多維度的自己，裏面有許多有趣好玩的東西，我們在裏面利用我們的生命光創造，幫助這個世界變得更加美好的和諧振動頻率。

世界是一艘大船，我們都在這一艘大船裏，駛往進化的旅程。我們在旅程裏創造我們的路徑，回到合一完整的大世界。

創造更多美麗的記憶

黃太陽波符第九天，太陽的黃星星。

我們正在學習，從生活的尖銳點回到生命的圓融。

在生活中我們有許多看不順眼的地方，我們評判，我們挑剔，我們擁有分別心。我們遇見喜歡的人，我們就對他好一點；我們遇見不喜歡的人，我們就為難、遠離、冷漠。

我們帶著刺在行走，誰不喜歡就扎他一針，或者在內在看見自己不滿意的地方，也扎自己一針。

我們從這些尖銳點學習，慢慢從刺痛中回歸自己的圓融與和諧。我們學會欣賞自己、欣賞別人，包容自己、包容他人，接納自己、接納他人。

生命是一個旅程，我們在旅程中慢慢變得成熟，不再憤世嫉俗，不再挑剔和評判。我們漸漸地學會把更多的精力留在欣賞沿途的風景，為自己心裏創造更多美麗的記憶。

我們變得更加慈悲，對自己、對他人、對世界。

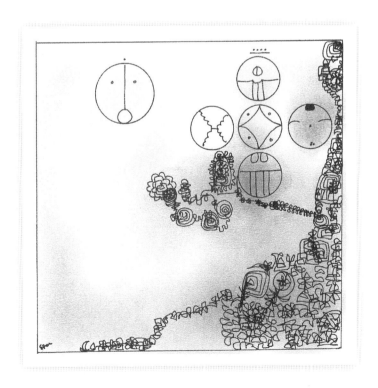

花朵是空性的

黃太陽波符第十天，行星的紅月。

花朵的美麗在於欣賞它的人。有些人看見花朵蜂擁拍照，有些人看見花朵視而不見。每個人對花朵有不同的詮釋和看見。

花朵依然美麗地存在，不為任何人所左右。花朵是空性的，它知道自己以花朵的形式存在，不為任何人所定義。它為了自己的美麗綻放，為了天地和諧增添色彩，為了自然的頻率而出現。

它就是一朵花，空性的存在。

我們常常自尋煩惱。我們讓別人去定義我們，無法安然自在。我們的存在不在空性，我們的存在有許多染著，我們忙著去清理這些染著，我們忙著去迎合這些染著，我們被這些染著牽引，投入更多的貪嗔癡。

我們無法怡然自得地存在，我們隨風漂流。風把我們吹到了左邊，我們就去了左邊；風把我們吹到了右邊，我們就去了右邊。我們還沾沾自喜，有如一顆鑽石被看見了光芒，獨立閃耀在其中。我們活在虛榮的泡沫裏，跟著世間無常地流動。

我們會在流動中戳破自己的泡沫，回到真實的流動，安住在自己的空性裏。

愛就在光中傳遞

黃太陽波符第十一天，光譜的白狗。

愛就在光中傳遞。

我們偏愛光明，我們不想活在黑暗中。因為我們本來的心就是光明的心，我們散發出正面的訊息。這是我們的本質，原來的自己，不受塵埃污染的自己。

我們的本性就是愛與光，我們在愛中看見光，我們在光中傳遞愛。這是我們的生命本質，我們可以去愛世界上的一切事物，毫無條件地。因為我們本身就是光，我們在這些事物中看見了自己，以不同的形式出現在了人世間。

我們會知道一切的存在是形式上的不一樣，在內在的本質都是愛與光。我是你，你是另一個我。

當你回到自己的愛與光，你就不會再有分別心。你能夠放下對一切事物要求完美的執著，你不再以自己的己見去定義所有的事物，你可以淡然地接納一切事物原本的面貌。

和那個快樂的自己合作

黃太陽波符第十二天，水晶的藍猴。

和那個快樂的自己合作，把快樂帶入你的生命旋律裏。

我們有許多的面向，有積極的、快樂的、寬容的、好奇的；也有悲觀、消極、憤怒、心胸狹隘的；有豐盛的，也有匱乏的。

你試著跟每一個自己合作，你可以在鏡子面前扮演它們的角色，模擬它們如何出現在你的生活中。你一下子可以扮好人，你一下子也可以扮壞人。

其實好壞沒有定義，只是你自己跟自己玩的遊戲，讓你去比較自己的光明面和黑暗面。你體驗了兩面才能夠回到中心，不再為自己一直沉浸在其中一面而分心。

你要把握自己的創造力，把創造力應用在你的生活中，去帶領自己回到中心點，不再往外消耗自己的生命光。

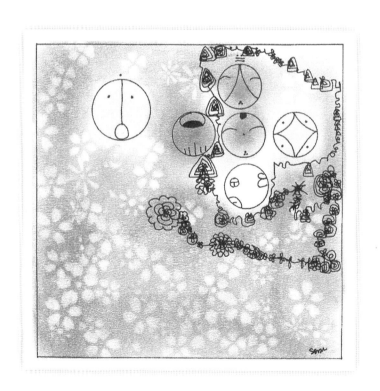

我們是有智慧的人類

黃太陽波符第十三天，宇宙的黃人。

生命智慧的旅程會為你展開。

我們在天地間的一個點，我們在這個點開展我們的旅程。從這個點而出發，生命有許多的可能性。我們可能正在前往自己的智慧生命旅程，我們也可能走錯了方向，摸索回歸自己應該走的方向。

生命在跌跌撞撞中呈現，走到了盡頭，我們再回首，這是一個多麼不容易、艱辛的一個過程。我們會迷失，我們會退轉，我們會停滯，但我們也需要有勇氣去面對許多未知的挑戰，面對自己內在的許多恐懼和尋求的安全感。

我們是有智慧的人類，我們擁有自由的意志，我們能夠帶領自己回歸正確的旅程，我們要活出自己的愛與光，這是路途的明燈。

紅天行者波符

你要輕裝上陣

紅天行者波符第一天，磁性的紅天行者。

你是生命的旅者，你要輕裝上陣，你總不能把整家的東西都搬去旅行，這會拖累你的行程。

我們背負了許多，其中一些是我們在創造、學習體驗和玩樂中的配備和工具，其中一些是我們在這個過程中的代謝產物。另外，有一些是其他人的東西，我們把它們背在了身上。

這麼沉重的行李，我們怎麼能玩得輕鬆，探索得自在，盡興地探索？

我們要學會卸裝，一邊旅行一邊卸裝，把不再服務於我們，把不再需要的東西留下，消融掉、簡化掉，讓我們能夠再度輕裝上陣。

我們有自己的任務、自己的使命，旅程只是我們一個承載這個使命的過程，我們以這樣的方式遊走在人生的世界中，完成自己最終的目的。

我們是多維度的存在，你不要把自己受困在傳統的旅程，我們的旅程可精彩得很，多維度多元化，在不同的時間與空間。

慢慢地去探索你的旅程。

回到自己的合一

紅天行者波符第二天，月亮的白巫師。

　　人生旅程最終的目的是覺醒，回到我們無時間的空間，連接回我們最原始的一個光點，活出光點在光海的空性。你可以變化出一切的東西，你可以在創造過程中變幻一切你想要的。

　　生命在二元性中跳脫，穿越重重的障礙，回到自己的合一。

　　你和天地本為一體，你與萬物本為一體，你們是不二的。但是，我們忘了自己，沉浸在二元對立的尖口上，充滿了嫉恨、憤怒、恐懼、評判。我們的生命不再平靜，我們活在矛盾中，每天自己跟自己打架，自己跟別人對立。

　　我們要臣服於世間的一切變化，撫平內在的不平衡。我們要回到自己的時間與空間的節奏，跟隨自己的心在舞動。在舞動中卸下生命裏的執著，回歸內在平衡而動態的流動。

擦亮你的心眼

紅天行者波符第三天，電力的藍鷹。

當你在人世間遊走，探索於天地間的多維度，首先你要擦亮你的心眼。

你不能迷迷糊糊地過一生，對出現在你生命中許多有趣的探索視而不見。你要有寬大的心胸和高瞻遠矚的視野，否則你捕捉不到出現在你身邊高維探索的門路，你只能平平庸庸地過一生。

你的闊大心懷幫助你擁有更多的心海，去接納你從未看過的東西，它們可能不在你的傳統信念系統裏面，你要有巨大的胸懷去敞開，接受和看見新的探索和各種可能性。

每個人路過同樣的一條路，有些人會看見許多新奇有趣的事兒，有些人空手而歸，只是忙忙碌碌地過一生。

這跟你的胸懷和視野有關。

不斷地提問自己

紅天行者波符第四天，自我存在的黃戰士。

你想要去探索更高的時間與空間，首先你必須要有勇氣和不斷提問的精神。

你需要不斷地往自己內在進行探索，你需要不斷地提問自己，這些都是在幫助你清理和刪除內在阻礙你進行更深和多維度探索的絆腳石。

首先你內在必須有一個純淨的通道來連接不同的時空點。如果你內在充塞了各種聲音和垃圾，就會把你的通道堵住。你沒有清晰度，你內在充滿了恐慌和怨恨，你沒有辦法進一步的提升和探索，以及覺醒。

你要把自己的通道騰空出來，讓更多新的能量和連接進來。通過不斷地提問自己，不斷地清理自己，不斷地覺察自己，讓自己回歸正確的途徑和形式，接引更多的生命潛能和可能性，開拓新的探索旅程。

共時性是一種引導

紅天行者波符第五天，超頻的紅地球。

共時性是一種引導，它在提供你許多訊息。

世界上發生的許多巧合，看似偶然，其實一切並非偶發。它們有一定的牽引，把所有的東西在特定的時間與空間牽引在一起，引發某個時空點的事故。你要學會去看懂這些共時性，它們擁有強大的力量，它們能夠為你使用。

我們在人世間的探索，穿梭不同的時空和維度，接引著不同的能量。我們不明白，甚至不接受，無法看清邏輯思維以外的世界。我們沒有一個非常具體的指引和呈現在眼前的邏輯方式，來帶領我們穿越時空點。

我們要明白共時性的出現其實在引領著我們，提供我們另一個隱態世界，邏輯頭腦所無法觸及的世界。在這裏一切以能量波動、共振頻率的出現和存在。所有的一切有形無形的牽引，也是我們所謂的因緣。

一切的發生都有其因緣，一切的出現都是生命應該呈現的樣子，在這一個時空點，此時此刻在你的生命能量場的因緣。

讀懂共時性能夠帶給你生命的指引，應該往哪裏去探索生命該有的導向。這一切都在共時性多重的訊息裏。

一切都是你自己的投影

紅天行者波符第六天，韻律的白鏡。

你看見的所有一切都是你自己的投影。你像一台錄影機，不停地拍攝，把它們儲存到你的內在，然後卻又不斷地把它們投射到外在。

你所看見的每一個外在的人事物，都是你內在振動頻率的投影。你的念頭不斷地攪動和湧現，它們來自內在的振動，以思維方式出現在你的腦海裏，然後又顯化到了外在，形成外在物質世界的一切。

你的憤怒形成了外在的憤怒，你的嗔恨形成了外在的嗔恨，你的善良形成了外在的善良，你的美麗形成了外在的美麗。它們是一層又一層地投射，然後一層又一層地回來。來來回回，眼花繚亂，千奇百怪。

你就受困在如此的幻象中，走不出這幻象鏡子的迷宮。

你唯有如如不動，不為眼前的迷亂所迷惑，不斷地往內在去尋絲探索，抽絲剝繭，把你生命的真相理清，你才能夠跳脫出迷宮。

你需要有堅定的心，你需要有清晰的意念，你必須要有開脫的心和跳躍的思維，能夠跳脫傳統和單一維度看待事物的束縛。你必須有前衛開通的心，去擴展和探索生命在不同維度的呈現和連接。

Kin59

一切都是能量的轉換和變化

紅天行者波符第七天，共振的藍風暴。

世界上所有的一切都是能量的轉換和變化，包括我們生命中的一切。

我們生命中所有一切都是能量的交織和變化，包括你跟某某的互動，你跟某某事的較勁，它都是所牽涉的雙方面的能量交流。能量交流會生發出新的能量、新的變化。

這一切每天在你的生活中進行著。你所看到的是某某事件產生了某某結果，你與某某人的關係產生了某種變化。

這一切都是能量的共振，發生在生命不同的層次與維度，涉及多重面向和維度的自己，編織成生命不同的毛毯。

你會驚訝生命如此多變，卻又如此豐富，擴展你生命的展現與傳遞。

生命如此地美麗

紅天行者波符第八天，銀河星系的黃太陽。

生命如此地美麗。

我們在生命覺醒的旅程中會體驗各種生命所帶來的歷練，甚至我們會懷疑生命的美好和擴展。

生命是一個旅程，我們無法確實地預知旅程中所發生的事情，這也是生命中有趣的一件事情，在許多未知中探索、發掘和成長。

我們並非空手而來地去面對人世間的未知和考驗。我們自身已有許多高端的配置，足以讓我們在這人世間為我們自己創造美好，甚至為更多的人類和其他的物種創造美好，而我們所收穫的就是回歸自己清明無暇的生命光芒。

我們擁有自己的潛能，每個人都是獨一無二的。我們要學習發掘和啟動生命給予我們的這一份禮物。

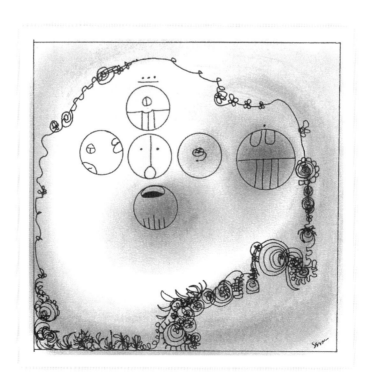

Kin61

萬物守恆不滅

紅天行者波符第九天，太陽的紅龍。

生命會走到盡頭，所有的東西都會完結，就在某個當下的那一刻。

生命會重生，東西會再循環，就在每個當下的那一瞬間。

我們的生命是一個循環，所有的東西都有其節奏與規律，它們會再生、循環，以不同的方式和能量存在，無論我們可以感知的，或我們無法感知的。它們有它們的存在方式和時間空間。

這是一種力量，萬物守恆不滅。它們延伸出來的是另一種能量，能夠帶來啟發、啟示和靈感，也能夠帶來無窮無盡的創造，在無形中的創造，在有形中的創造。

它們能夠塑造你的心靈，讓你從生命的另一個維度去探索。你不再固守於舊的，你打破傳統的邊界，往新的疆土開闢，帶來無限的擴展。

生命不斷地往外擴展循環。

生命中隱藏著許多的訊息

紅天行者波符第十天，行星的白風。

　　生命中隱藏著許多的訊息，你要盡情地去探索。它像一陣又一陣吹過來的風，一波又一波，傳送著生命的氣息。

　　它可能會輕撫你的臉，它可能吹散了你的髮絲，它可能讓你感受到了風的強勁。這一切都是訊息，你要學會去解讀它們。

　　生命也是一樣，有溫柔舒服的感覺，也有強烈紊亂的時候。這些都隱藏了許多訊息，來自你內在的靈性，傳達給你的存在，顯化在外的線索，引領你回歸自己內在的探索和覺醒。

Kin63

大海高山的寬度與深度

紅天行者波符第十一天,光譜的藍夜。

當生命進入到更深更廣的領域,你不會再為生活的瑣碎事所煩惱。

你看見的是高山,你感受到的是大海。你的胸懷已經被擴展了,你不會再把生活中的繁瑣事一直牽掛在心頭,你要去探索的是更大的、更有趣好玩的生命課題。

你不再把私人恩怨據為己有,放大來反應。你會感受到天地的廣闊,沒有再值得你去把自己鎖緊的地方。你要去遨遊,遊走於天地間,大海高山的寬度與深度。

你的黑暗會被一掃而光,喚來的是黎明的呼喚、光的展現。你在光中,光在你的當中。你要為更大的服務而跨出更大的腳步,你不再停留於舊的框架、舊的思緒、舊的限制。

跨過了黑暗,等待的是黎明,還有生命中更大的展現與探索。

你是全息種子

紅天行者波符第十二天,水晶的黃種子。

跟內在的自己合作,你是一個全息種子的存有。你有著更大的潛能,在你全息的生命播種,種出你的大樹。

你不要局限在小小的滿足,停留在自我欣賞的孤芳自賞中,你要繼續地前進,為自己的全息開展一條康莊大路。你裏面隱藏著更大的部分,這個部分讓你與天跟地相連接,開出更多更美麗的花朵果實,開展生命中應有的旅程。

你不為自己獨自綻放而來,你還有更大的覺醒和流動,你為了世界的開花而來。從你的全息而開始,啟動自己內在綻放的潛能,帶動更多綻放的美麗。

不要局鎖自己的範圍,要擴大自己的版圖,讓生命帶入更多新的可能性和綻放。

Kin65

擴展你的生命力

紅天行者波符第十三天，宇宙的紅蛇。

擴展你的生命力，在世界及宇宙的平臺，將你的愛與熱情散播在更大的一個空間。

我們為了展開愛的探索而進入了我們的生命旅程，我們在愛中體驗、連接和擴展。我們陷入生命的各種可能，體驗五花八門的經歷，為的是穿越恐懼，穿梭於愛的成長。

當我們能夠回到自己的中心，不再為外在的世界牽引和擾亂，我們就能夠引導出自己生命的創造力量。我們能夠擴展自己的生命活力、生命熱情，舞動生命奇蹟。

我們是天地的一個舞者，連接天地能量，舞動天地的美麗，創造生命奇蹟，留下美麗回憶，雕刻在天地的循環裏，帶來和諧螺旋的轉動。

白世界橋波符

—— KIN66 – KIN78 ——

我們是多重色彩的展現

白世界橋波符第一天，磁性的白世界橋。

你可能會喜歡很多顏色，它們都在一束白光裏。在特定的情況下可以從白光裏投射出來。

生死也是壓縮在一座白世界橋裏，裏面包羅萬有，在生死的兩端蘊含著無限的機會和可能性。銜接這兩端的是一座生死大橋，生命的舞臺在這裏展現。

熙來攘往的人潮出現在大橋上，上演了一幕又一幕的故事。我們在生死中打開了自己的門戶，連接自己背後祖先、先人的智慧與能量，承接未來創造的美麗。

過去、現在、未來，我們同在一座大橋上，編織我們的故事，豐盛我們的人生，滋養我們的靈魂。我們想活出自己美麗的故事，展現生命真實的自己，多面向、多維度、多重性的自己。我們是自己生命的主人，我們要去暢遊在自己人生多維度的生命連接中，去創造色彩的展現和再生。

我們是多重色彩的展現。

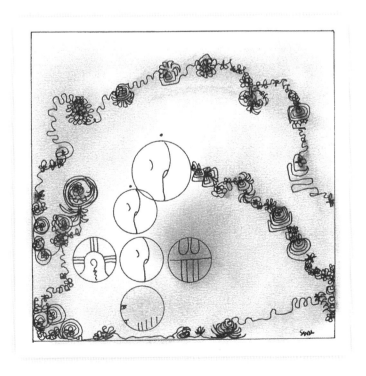

臣服於大生命的流動

白世界橋波符第二天，月亮的藍手。

　　生命總會在波瀾中呈現，引領我們去斷捨掉一些不再服務於我們的東西。我們總在二元中動盪；愛恨情仇、是非對錯黑白，我們陷入二元的對抗中。

　　生命不是二元性的，生命要回到極性，陰陽交叉平衡。生命不是抓取，生命是太極，收放自如，充滿彈性。

　　生命本該自由自在的，生命要斷離障礙我們生命流動的一切事物。我們無法掌控生命流動的變化細節，生命會有其流動的變化因緣，但是我們可以放手協助生命流動的流暢性，讓生命能夠以更大的自由度流動和呈現，我們也不必苦苦對抗和戰鬥。

　　生命會斷捨一切不再服務於我們創造的，你只需要放手，臣服於大生命的流動。

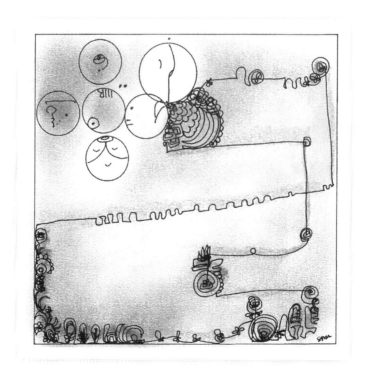

Kin68

你在打造你生命的藝術品

白世界橋波符第三天，電力的黃星星。

　　我們總是在啟動著生命的各種變化。你可能不知道，如常地過著日子，但是你的生命正在一層一層地變化，把內在不再實際為你帶來成長的一一退化掉，讓更多的和諧與美麗進入你的生活。

　　你要去看見所有的變化可能不是如你的想像，可能不如你想像得美好，但你要知道生活是藝術，你在打造你生命的藝術品，它必定與眾不同，它獨屬於你，獨一無二。

　　你要去學習看見當中的美麗，你要去學習體驗當中的甜酸苦辣，把它們啟動成為你的顏料，在生命的畫布畫上你的精彩，成為生命記憶中美麗的風景，靈魂成長中美麗的體現。

我們會在不同的平臺流動

白世界橋波符第四天，自我存在的紅月。

生命總是不斷地在流動，沒有一刻是靜止的。萬事萬物都在流動，流動到和自己相應的地方。

我們會在某個時刻和某些人事物相應。那是因為我們生命中的流動和這些人事物相應，就像一個平臺，對接不同的生命流轉，創造生命故事的發生，承載生命流動的體驗和呈現。

我們總是面對不斷地轉變、不斷地連接。生命會對接到與其屬性相對應的平臺，我們在平臺創造我們的故事。

我們會在不同的平臺流動，每個平臺都有其創造性和流動性。終其一生我們連接了無數的平臺，流轉了無數的生命故事。

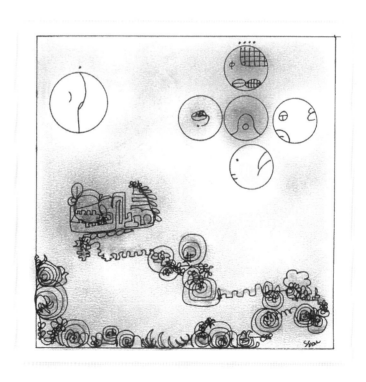

Kin70

在每一個當下看見愛

白世界橋波符第五天，超頻的白狗。

當你能夠在每一個當下看見愛的能量，你就擁有了穿越死亡分離的力量。

生命中有許多斷捨離，包括人世間的生離死別、情感情緒的放下、生命中某個階段某個崗位的中途離席等等。這都隱藏著了許多愛的成分在裏頭，你要學習去看見它們。

它們並不是要讓你傷心難過，它們是要讓你穿越，在生命的某個部分飛躍，在靈魂的某個層面提升。這一切看起來不太美麗的呈現卻是生命中穩健成長的墊腳石，能夠讓你在瞬間成就生命中一些不可能的任務。

這是在你悠閒生命成長中難於辦到的。它需要有這些媒介來讓你成長，快速地穿越時空中的靈性提升。這在永恆的時空中是一朵美麗的花朵，你們共同種下的花朵，花朵裏面是愛的力量，推動生命的不平凡。

歡笑地對待生命中的每一刻

白世界橋波符第六天，韻律的藍猴。

歡笑地對待生命中的每一刻。

我們在體驗生命，生命有許多故事，我們是故事中的主角，我們體驗各種劇情，玩起生命中的各種遊戲。我們在故事中有哭、有笑、有歡樂、有悲傷。

我們要懂得去娛樂，從生命中的故事找到許多歡樂的點子，讓自己在生命磨練的時刻仍然能夠正面的回應。

我們要以孩子的心去看待生命的快樂，純淨無染的融入生命中快樂的時光，純然在當下的這一刻，體驗生命的喜與樂。記住當下的這一刻，在生命苦難時把這一刻喜悅的能量融入在生命的悲苦中，讓它形成一股力量，帶領我們能夠在苦中作樂。

生命在無窮無盡中展開，我們要回到自己的中心，用我們生命的本質面對生命中的每一刻，活出真實的自己，連接無限大的時空。

看見自己的獨特性

白世界橋波符第七天，共振的黃人。

每個人都不一樣，每個人都共振著不同的美麗與和諧。每個人的美麗優雅方式都不一樣，每個人有自己的獨特性。

我們同樣為人，卻有著不同的振動頻率，帶出不同的特質和個性，創造不同的人生故事。每個人都是自己星光大道的明星，扮演著不同的角色，散發出不同的光彩。

你是獨一無二的，學會看見自己的獨特性，而不是追隨別人的標準性。試著活出自己的美麗、自己的靈魂本質。生而為人，我們有自己的進化旅程，我們擁有自己的智慧與自由意志。我們能夠去創造，把自己獨特的美麗展現，把自己獨有的光彩釋放出來。

我們會帶領自己回歸自己靈魂的旅程，活出生命中獨有的不平凡。

覺醒自己的創作

白世界橋波符第八天，銀河星系的紅天行者。

生命是一個創造的旅程。我們從生命中各種不同的平臺活出自己的特性。這些都是我們創造的舞臺。

我們可以去連接自己生命中各種的可能性、多種維度的自己，把不同維度和能力的自己帶到今生的舞臺，呈現多元維度的自己。

你值得擁有生命中所有美好的一切，你能夠享有生命中所有美好的事物，去連接那個值得美好、看見美好、擁抱美好的自己。

我們是一座生命大橋，都同時在連接著生命中不同維度的自己，在人世間創造出屬於自己的美麗。你要去看見一切都是你在創作的藝術品，它們都是你的作品，沒有美麗與否，只有欣賞與否。

這個創作背後還有一個更大的創作，覺醒自己的創作。

我們都是自己生命中的巫師

白世界橋波符第九天，太陽的白巫師。

我們都是自己生命中的巫師，我們可以為自己變化出許多的魔法。

生命的一切都是能量，能量變成了物質世界，物質世界也能夠回歸能量。這是能量守恆的原理。

你要去看見生命中大大小小的世界都是你魔法的變幻。你把它們都創造出來了，在你不斷投射出去的思維和意念，漸漸它們成形了，出現在你的眼前。這本是值得高興的一件事情，因為你擁有無限創造的潛能。但是，你卻無法臣服於自己的創造，你認為美好的才是你想要的，你已經忘記了，它們就在你的能量守恆中幻化出來的。

你唯有回到你的無時間空間，再度地揮起你的魔法棒，去連接你生命中想幻化的能量，去融入這個能量當中，讓它成為你生命能量場的一個部分，從這個部分再幻化出生命中的物質世界。

你要知道，生命中有無數的機會，你要懂得去看清它們的本質，你要用自己幻化的能量去連接這些生命中的機會。

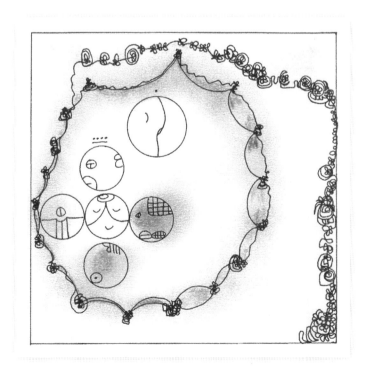

看清生命的真相

自世界橋波符第十天，行星的藍鷹。

當你能夠看清生命中的一切真相，你不會再糾結於生命中的許多東西，你會變得輕鬆自在。生命變成了一個過程，你把流經生命中的各種體驗再造，成為一個個美麗的作品。

把在這個作品創造過程中的一切代謝物，一切不再服務於你的通通釋放掉，只留下美麗的智慧與生命創作。

你能夠輕易地從一個創作關卡跳躍到另一個創作關卡。而你生命的高度也會隨之節節上升，你的視野、胸懷、生命中的豐盛體驗也會隨之擴展和顯化。

回歸自己的本質

白世界橋波符第十一天，光譜的黃戰士。

放下毫無意義的對抗和戰鬥，回到自己的和諧中心。你生而為人不是為了生命糾結戰鬥而消耗的。

你擁有無限的生命力，你的生命力本應用在生命靈性提升的創造和開創，你卻把大部分的時間用在內耗，無意義的自我對抗，乃至在外的衝突。

回到你內在平靜的中心，回歸自己內在的和諧，調整和對準自己和諧頻率的光束，回歸與宇宙大自然和諧共振的頻率。

你的生命擁有光，創造的光、和諧的光、通透美麗的光，它們都是你創造的基墊和本質。

回歸自己的光，融入大整體的光，回歸自己的本質。

生命的夥伴

白世界橋波符第十二天，水晶的紅地球。

大地在我們的腳下，是我們生命的夥伴，我們的這一生都有大地的陪伴和滋養。

大地提供我們生命所需的住宿、事物和生存空間，也承載著我們成長與創造的一切資源，是我們忠誠和靠譜的生命夥伴。

我們給予了大地什麼？這是我們需要去深思的一個問題。在能量的交換層面，我們遠遠不及大地所給予的付出。我們踏在她的這一片土地上，盡情地索取她的資源，我們回報的卻未能達至千萬分之一。我們要去想想，這一世為何而來，難道只是為了索取而來嗎？我們為何而去，難道只是為了完結生命而去嗎？

大地給予我們的支持是為了讓我們完成更大的自己。在這完成的過程當中我們活出了自己的本質，聯通天地交錯的能量，我們成為了一個管道，把更多的愛與和諧帶來了這個人世間，為天地形成穩定的能量場，帶來生命無盡的進化和提升，導航自己的回歸，與天地共舞和創造。

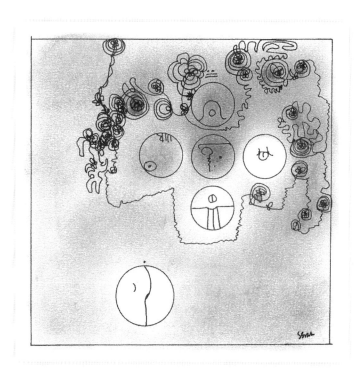

生命的真相

白世界橋波符第十三天，宇宙的白鏡。

生命中有許多的真相，我們卻無法全看得懂、看得透徹、悟得通透。

生命在生死之間徘徊，我們歷經了無數的生死輪迴，一圈又一圈，一個螺旋又一個螺旋，只為體悟生命真相的鏡子。

我們在鏡子裏投射，投射出無數的輪迴人生。一層又一層，疊加重複迷幻，到最後我們忘記了，迷失在鏡子的幻象裏，以為鏡子裏的人物都是真實的，跟著重重鏡子投影迷失了方向。

我們忘了還有一個「我」，把影像投射在鏡子的我。他依然存在，只是我們忘記了，忙著追逐鏡子裏的「我」。

你想要打破鏡子裏的幻象，你就要知道自己是誰，為何要照鏡子，為何把重重幻象投射出去。

你要如何從幻象中回來，你要在鏡子迷宮裏找一條出路。出路無法在鏡子裏找到，它只能在鏡子前的人找到。照鏡子的人要清楚地意識到自己在照鏡子，他要清楚地感悟自己如何把一重又一重的幻象投射了出去。

他要回到自己的中心，把所有投射出去的能量回收，回到自己中心的一個點，讓能量攏聚，照亮自己的內在，回到自己內在光明，在光明中回歸自己的源頭，不再投射。

藍風暴波符

—— KIN79 – KIN91 ——

覺醒就在當中

藍風暴波符第一天，磁性的藍風暴。

生命會歷經風暴的洗禮，你不要怪罪風暴的無情。無情確是有情，有情確是無情。你沒有辦法去區分生命的有情和無情，它們是一體的，為了服務於你的進化而存在。

風暴催化了生命中的許多發生。人有惰性，我們會選擇按兵不動，留在自己的舒適區，想一直留戀在目前的狀況。但是，生命無法停滯，生命一直在變動革新，帶來更美好的呈現和變化。

生命需要平衡，生命需要去除無法再服務於你成長的代謝物。這一個時期對你有用的，下一個時空可能已經不再服務於你，成為你成長體驗的累贅了。

你要學習放下，跟隨事物的轉變，看見每件事物都有其內部轉化的部分。你可以順其自然地變動，你也可以被迫歷經變動而改變。這視乎你與生命風暴的成長與互動的方式。

變動是為了不斷地平衡、不斷地進化、不斷地成長，為世界帶來更美好與和諧的頻率。

覺醒就在當中。

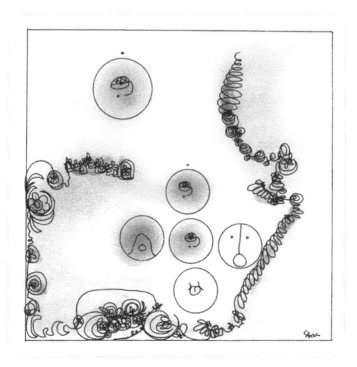

連接更高的生命引導

藍風暴波符第二天，月亮的黃太陽。

當你的能量不再鎖住在小我的範圍，你的心會慢慢地擴展。

當你跳脫小我的主導，你的能量場會一直延伸擴展，連接更高的生命引導，連成一線，把更多愛與光擴展到你的身邊，與你心中的愛與光相連接，形成一個更大更光的能量場。

你能夠在自己擴展的能量場變化出許多的愛與光，照亮自己的生命，也能夠指引別人去尋找他們自己的愛與光。

生命不只是純粹的給予，生命也是一個接收場，給予與接收形成了一個完整的循環，愛與光不斷地在當中循環不息。

你不再孤單，你的能量有進有出，你的生命有不同的陪伴，你不再渴求別人施予的愛，你也不再毫無節制地付出。

你在一個平衡的狀態變化出生命的許多慈悲與愛。

新的開始帶來新的轉變

藍風暴波符第三天，電力的紅龍。

生命不斷地誕生，為這個世界帶來許多變化。每個生命都會帶來不同的能量，為這個世界帶來不同的變化。

生命在轉化中回到了原點，從原點再出發，帶來新的生命、新的開創、新的轉化。生命生生不息流轉。

每一次新的開始帶來新的轉變、新的啟動。你要去看見當下的這一刻，是你新的一個開始。無論過去怎麼樣，你都不要為它所捆綁。你要知道，每一個新的時刻都是一個新的誕生、新的轉化。

它會受舊能量的影響，但它會帶來新的契機、新的轉化。你只要不斷地相信，自己是獲得支持和滋養，存在於天地的庇護，轉化人世間的種種，為自己開創新的世界。每一時每一刻，不同的能量為你帶來不同的轉變。

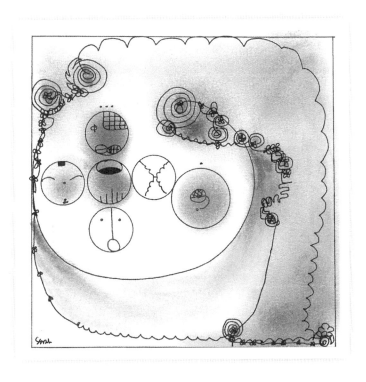

怎樣的能量捲起怎樣的風暴

藍風暴波符第四天，自我存在的白風。

風是變化無窮的。它可以是微風，它可以是小風，它可以是大風，它也可以是暴風。

它能帶來輕撫的溫暖，它也能夠捲起摧毀的暴風雨。這端視它想帶來怎樣的轉變，這端視它儲存了怎樣的能量。

怎樣的能量捲起怎樣的風暴。你要知道一切事物都有其存在的方式。它們不是一成不變的，它們會累積和釋放能量，這造成它們的變化無窮。

人也是一樣。我們會累積和釋放能量，通過我們脈輪的運轉，通過我們氣脈的流通。我們無時無刻不在改變當中。

你要有覺知，知道自己的流動、知道自己的卡點、知道自己的轉化。這樣你才能夠覺察自己正在往哪個方向轉化，你的生命正向哪個方向流動，你正在經歷什麼，你正在體驗什麼，你正在成長什麼。

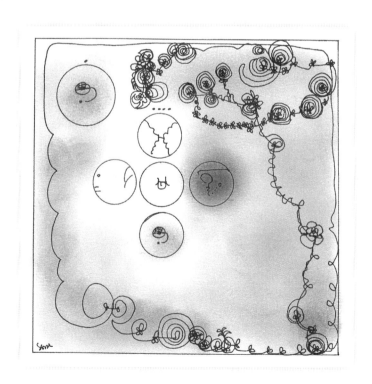

在變化中去探索和體悟

藍風暴波符第五天，超頻的藍夜。

你永遠無法知道一個人在體驗什麼，除非你深入他的內在去打開他的生命藍圖，看見全息的投影。

我們無法從一個人的外在行為舉止去判斷一個人，同樣地我們也無法從自己的一些行事路徑或思維模式去評判和定義自己。

我們是變化無窮的，外在的所有這一切都只是一個假象，它並不是真實的我們或別人。可往往我們從這些假象去定義和瞭解自己和別人。

我們更應該的是從一個人的本質去看見這個人，然後再從這個人的本質上發生的一些生命變化和轉動去衡量和瞭解他生命的體驗和成長。

然後再從這些看見中去明白人世間的變化，把它們化成一個又一個的力量，去發現真相背後隱藏的學習和體現。

我們的本質是一個基墊，在這個本質上卻蘊含著無數的變化因子，來自我們生生世世的體驗和累積，來自世界變化的體驗和累積。我們在這些變化中去探索和體悟，找回自己回歸內在的旅程。

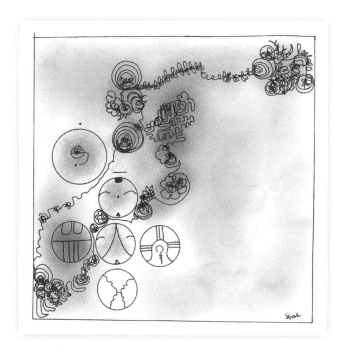

每一個時刻都極其重要

藍風暴波符第六天，韻律的黃種子。

人生的每一個時刻都極其重要。即使你在迷失的時候，那也是一個重要的成長過程。我們經歷了大大小小的過程，在每個過程中我們有或沒有完成的呈現與完成，這都是極其重要的過程，我們成長的小小記錄。

每個記錄有著你成長的足跡。我們不必害怕失敗，那是成長的必經之路，我們總是在跌跌撞撞中變得茁壯。不要抗拒失去，我們總是在失去中學會珍惜。不要拒絕平凡，我們總是在平凡中學會簡單。

我們一直在成長，我們從未失去什麼，我們總是失而復得。我們總是失去一些東西又得回一些東西，我們從來就不會一無所有。我們可能在物質上失去了我們心愛的人事物，但是我們在精神的層面收穫了體驗和成長。

這是生命成長的必經之路，有得必有失，是我們需要去平衡的一個層面。我們都是踏著這樣的得得失失而開花結果的。

這是生命歷經考驗，轉變的時刻與成長的過程。

這一切都在你自己的手裏

藍風暴波符第七天，共振的紅蛇。

別人無法給你完整的愛，因為它們本身也沒有活出完整的愛，你怎麼能夠期待從一個不完整的愛中獲得完整的愛。我們自己也沒有活出這一份完整的愛，所以我們就共振著這一個不完整愛的部分。

我們的生命有許多考驗，其中一個部分的考驗來自愛的考驗。我們不愛自己，卻渴望別人愛自己，這是不可能的事。你無法活出生命中對自己的愛，卻渴望外在給予你無條件的愛，那是無法實現的。

你的生命力是掌控在你自己的手裏，不要把它交托給外在。只有你內在變得強大，你才能夠靈活地使用你生命的力量，你才能夠施展你內在的熱情。

只有你內在擁有對自己足夠的信任和足夠的愛，你才能夠真正地強大。你不再往外渴望，你能夠在自己的內在變幻出自己渴求的東西，你能夠給予自己渴望獲得的愛與力量。

這一切都在你自己的手裏，不必他求。

不為外在的一切所動搖

藍風暴波符第八天，銀河星系的白世界橋。

我們要學習回到自己的中心，不為外在的一切所動搖。

外在變化多端，我們要訓練自己的心常常回到自己的中心點，駐留在自己的中心點，不要輕易地為外在的變動所牽連。

我們處在變中，卻不被變動帶走。我們在變中幻化出自己的一條大橋，你在這條大橋能夠自如地走動和變化，你可以跟隨著變化的流動處在大橋的任何一端。

你可以從自己的這座大橋中延伸，把生命延伸到更高的層次，去連接更高的自己和世界。這是無窮無盡的，你可以伸展到更高的地方，只要你穩住在自己大橋裏的變化和流動。

你知道你可以在任何時候，處在大橋的任何一個地方，來幫助你的流動與變化。你也知道大橋是你的基地，只要你能夠穩住在流動中的變化繼續前進，你能夠達到生命的更高處。

每一個放手都是一份療癒

藍風暴波符第九天，太陽的藍手。

生命中有許多該放手的地方。當你完成一些事物，你就不要執著一定要擁有它、掌控它。你要隨順它的因緣，讓它發展成它應該呈現的模樣。

每一個完成都是一項成就，每一個放手都是一份療癒。當你完成但不執著，生命就會開始流動起來。你從中知曉和長知識，智慧是當中的衍生物。

你能夠在生命的體驗中產生智慧，帶來療癒，進而發生顛覆性的變化。你不再固守生命一定要以你期待的方式出現，你知道生命是變化無窮的。

你能夠去創造，你能夠去完成，你能夠放手不執著，你能夠從生命的完成中回歸內在自由的自己。

我們從未分離

藍風暴波符第十天，行星的黃星星。

生命無法回頭。

在物質三維世界裏生命一直在前進，沒有回頭的餘地。失去的時光，過去的人事物無法再出現或回頭，你生命中或許會有許多的不圓滿。

但你的生命真的是不圓滿嗎？或許你並不知道，生命是多維度的存在，生命同時出現在每一個維度。或許這聽起來不符合思考邏輯，但它確實以如此的方式存在於生命的每一個時間與空間。

生命同時存在，它沒有消失，也沒有重來，它一直都在。在不同的時間空間維度的重疊。每一個故事的發生使這個時間空間的能量改變了，它也在改變其他維度存在的你。

每個時間空間顯化了不同維度的你，帶來了不同的創造和美麗。你要去看見它們的關聯性和連續性。過去的空間和時間創造了現在的你，現在的你創造了未來的你。過去的時空創造了現在時空的你，未來的時空連接著現在的你。

生命相連續，從未間斷過。來自星球的你帶著一份連續性來到了這世界，延續你星際生命的全息性。無論你在生命的變化中歷經多大的事故，你始終保留著你心中那一份和諧與美麗。讓這一份和諧與美麗引領你回歸自己的源頭，相續生命的回歸。

生命本為一體，我們從未分離。

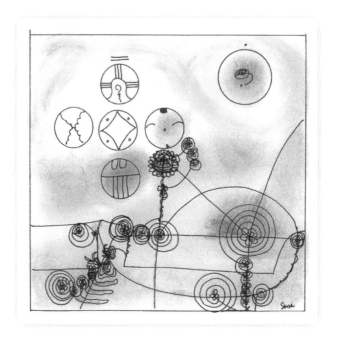

讓一切流動起來

藍風暴波符第十一天，光譜的紅月。

讓一切流動起來。

我們像一個音樂指揮家，揮動著我們的指揮棒，讓生命的音樂在揮動的旋律中舞動起來。

我們的生命有如一個樂團。裏面有著各種的組合，看似各自玩著自己熟悉的樂器，卻又相互組合起來，組成一個更大的樂團，指揮著生命的前進。

我們是樂團的軸心，我們在當中扮演著重要的協調角色。生命中會出現不和諧，我們需要能夠敞開心懷去接受生命的許多不完美，即使這些不完美看似奏出不和諧和刺耳的聲音。

但是，我們卻無法把這些不和諧的聲音摒棄在外，因為它們就是我們生命的一個部分。

我們需要做的就是停下來聆聽，看看這些不和諧的聲音來自樂團的哪個部分，我們需要再度地協調、取捨、裁剪，融入新的因素，讓它們重新流動起來，跟上整個大生命的流動，跟上整個生命和諧節奏的流動。

你無法逃避，封閉生命樂團的不和諧，你無法把它們關起來不去聆聽，它們總會輕叩猛敲，打開你心中的大門，讓你的生命再度流動起來。

愛無所不在

藍風暴波符第十二天，水晶的白狗。

愛無所不在。

愛出現在我們生命中的每一天，愛出現在我們生命的每一個層面。不管你是否看懂或感受得到，愛一直都存在於我們的身邊。

我們本身就是愛的存在。我們來到人世間無非是為了找回我們心中的愛，活出自己就是愛的本身。

我們身邊有著形形色色的人事物。當我們張開眼睛，眼花繚亂，太多的訊息隨著我們的感官進入了我們的內在，我們根本就無法分辨當中的真假。這些會擾亂我們感受生命真相的連接。

我們感受不到愛，因為我們被太多外在不真實的訊息干擾，甚至我們被自己內在信念系統的設定的認知所干擾。

我們無法確定生命中的一切體驗是否來自愛，我們失去了辨別的能力和斷連了真實的自己。

我們唯有回到最真實的自己，和真實的自己攜手去創造和感受真實的世界，我們才會體會到一切都在愛中變化。

尋找自己回家的路

藍風暴波符第十三天,宇宙的藍猴。

生命開了一個大玩笑,把我們帶入了幻象,卻又指引著我們走出幻象。

我們像一個孩子,玩著一個撲朔迷離的遊戲。我們帶著好奇,探索著生命的真相。我們會迷失、我們會沉淪、我們會忘了自己在玩遊戲,我們想永遠駐留在遊戲場。

生命會一層又一層地把我們剝開,風暴會一層又一層地把我們清洗,最終我們需要在遊戲中清醒,覺知生命的本質。

這看起來非常的不容易。我們有惰性、我們有習性、我們無明、我們愚昧,只想享受當前的安樂,忘了自己當初為何投入遊戲。

我們要覺醒、我們要成長、我們要在遊戲場的跌跌撞撞當中,升起我們的智慧,寬大我們的胸懷,提升我們的靈性。

我們會回去的,從小孩到智者,我們會遵循自己生命的旅途尋找自己回家的路。

黃人波符

―――― KIN92 – KIN104 ――――

你在這個世界有一定的影響力

黃人波符第一天，磁性的黃人。

當生命到了盡頭，我們回頭望去，那是我們走過的一段旅程。我們在旅程中創造了許多屬於我們的東西，我們也在旅程中創造了許多不屬於我們的東西。

這是生命的一個體驗，我們注定要在體驗中增長我們的智慧和影響力。無論你覺察與否，你在這個世界都會有一定的影響力，每一世你的到來都為這個世界留下了痕跡。

我們是集體的人類，我們無法單獨生存，我們的到來為這個世界帶來一定的進化、一定的意識形成、一定的變化。

如果這一生是你的一個旅程，那麼你生命中還有一個更大的旅程。這個大旅程由許多小旅程組成，形成一個智慧大道，承載著你的許多進化和成長。

你在旅程中學習看見生命無窮無盡的變化與真相，你在旅程中學習活出自己生命該有的本質，成為一個真正的人類，為這個三千大千世界帶來正面的影響和智慧。

不為生死所拘束

黃人波符第二天，月亮的紅天行者。

在生的那一刻我們看見了死亡，在死亡的那一刻我們看見了生命。生死相續，源源不絕。

當我們能夠清楚地看見這一刻的生死循環相續，我們就能放下身上的許多包袱，瀟灑地在生命輪迴生死中走一回。

我們不再為生死所拘束，我們知道生命就在生死輪迴之中遊蕩，有生必有死，有死必有生。

我們就能在生命生死輪迴的循環中盡情探索，活出生命所要帶給我們的覺醒。

當我們能夠覺醒，我們來到了另一個維度的時空，我們在另一個維度的時空探索，連接新的能量，打破時空的局限，打破生死的框架，連接生命更高的呈現。

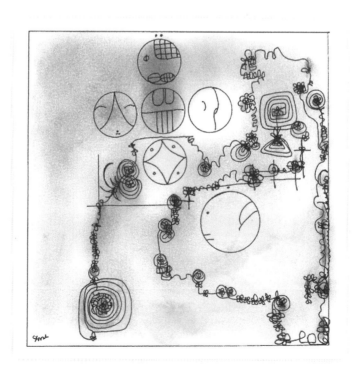

我們要懂得放鬆

黃人波符第三天，電力的白巫師。

當我們緊繃的時候，我們會激發自己的防禦系統。我們會以為外在的一切都是敵人，需要出動全力防範和保護自己，這是我們自己自救的一套系統。這套系統幫助你生存，但是這套系統也讓你捆綁在許多的不信任、緊抓、壓力、憤恨、恐懼等等負面的防禦戒備。

我們要如何才能輕鬆自在地活在這個世界？我們要懂得放鬆，我們要懂得放下，我們可以原諒，我們可以臣服，我們可以寬心，我們可以釋懷。

當我們能夠回到自己的放鬆狀態，一切會自然回到自己的放鬆狀態，我們能夠去啟動生命中智慧的那個部分。

我們能夠從靜中去提取生命的智慧，我們可以清晰地看見一切，我們能夠自由地穿梭在自己的空間裏，創造自己生命的豐盛。

你要能夠回到自己，能夠安住在自己平靜和放鬆的空間，這是你的基地，一切從這裏出發。這是緣自於你內在本質的空間，裏面是一個智慧的傳達。我們能夠藉由這個智慧的空間擺脫小我恐懼的防禦系統，回到自己自由的心，創造生命中更和諧的選擇。

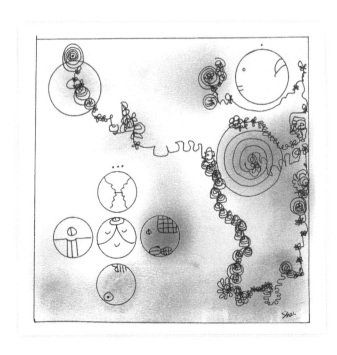

發展你的慧眼

黃人波符第四天，自我存在的藍鷹。

當你望向天空的時候，萬里晴空，你的心胸也隨著開闊，你可以容納的東西更多。你知道天地之大，你感受天地的承載。你不會只是局限在自己的小天地。

當我們能夠看得遠、看得深，很多東西都不會只是表面的認知、表面的看見。你的決定基於一個更大的看見和知曉。

你看見的不只是自己，還有整個大世界。你做的決定不只考慮到自己，還考量到整個大環境的需求。

為什麼人類總是無法活出和諧？那是因為他們總是把視野局限在自己或自己的家人族群，他們無法看得更遠更深。

生命是一體的，你我都有一個無形的連接，甚至行星地球、萬事萬物、宇宙天體，我們都有一個無形的連接。我們都在一個網路中彼此相依卻也彼此獨立。

你要發展你的慧眼、海量的心，你才能夠去感知到這一切。你才能夠活出生命的大智慧。

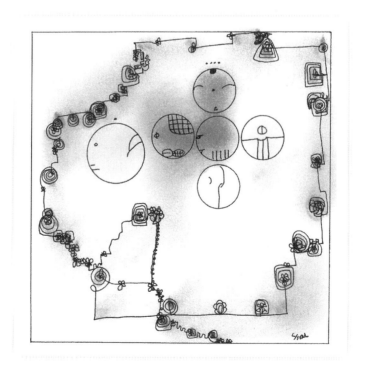

Kin96

勇敢面對生命的挑戰

黃人波符第五天，超頻的黃戰士。

勇敢面對生命中的種種困難與挑戰。

生命中總會出現挑戰和需要我們去穿越的種種障礙，生命總是在考驗著我們的意志力與耐心。

我們要調整自己面對難題的心態，我們要不斷地去探索。生命出現了挑戰也就是生命準備打開另一條路徑的時刻，你要勇敢無畏面對種種的生命課題。它不是在為難你，它知道你的力量就在其中，你需要通過考驗去獲取你的力量。

你的力量將會帶領你開闢新的途徑，完成這一生的使命，每個人帶著各自不同的使命來到了人世間，這一世你要活出自己應該行走的路徑。

你要知曉生命的啟示，你要讀懂沿途的標記，帶領你探索內在深層自己的旅程。

感受自己的內在節奏

黃人波符第六天，韻律的紅地球。

感受自己的內在節奏，每個東西都有自己內在的一個韻律和節奏。你要把自己的心放慢下來，慢慢地去感受。隨著你的呼吸，一上一下，一呼一吸，讀取你內在形成自己外在所有一切的節奏和韻律。

大腦也有自己的韻律和節奏，大腦和心節奏無法一致的時候，你是無法走出自己生命應有的方向。只有當你的心和你腦波節奏能達成和諧一致，你才能夠理清自己正確的方向，你的心和腦一起導航。

當它們無法一致的時候，你會思慮，考量太多，你心的聲音無法被聽見，它們不在一個頻道上。這時，你需要不斷地調頻，讓自己回歸內在的平衡與和諧，把你的腦波調頻，回歸與地球共振的頻率。

你的腦和心原本就是一對好伴侶，你要適當的把它們調和。

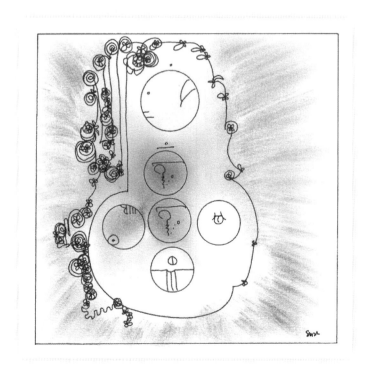

122

Kin98

他們是另一個你

黃人波符第七天，共振的白鏡。

我們要常常學習從萬事萬物中，看見它們就是另一個我們。

當你看見花兒，你欣賞它的美麗，它是另一個你。

當你看見白雲，你喜歡它的自在，它是另一個你。

當你看見大樹，它是那麼堅毅，它是另一個你。

當你看見乞丐，他是那麼卑微，它是另一個你，另一個你看不見，不願面對自己萎縮一面的自己。

當你看見一出鬧劇，它是另一個你，內在混亂不清的自己。

每一個你面對的人事物都是另一個你，它們把你的內在反射了出來。

它們代表了你內在電路行走的路途，路途上是所有你見到的人事物。電路是固定的，但不是牢不可破。你會往固定的方向行走，你會往固定的路線思考，因為這是你內在形成的電路。

你可以去打破它，改變你的路線，調整你的電路，讓它前往生命中更自由和智慧的路途。從你看見的每一個人事物開始覺察你的電路的設置，每個人事物的出現蘊含了無數的智慧和影響，為你打開無限的可能性。

覺察腦中的故事

黃人波符第八天，銀河星系的藍風暴。

　　我們總是思慮太多，好多的念頭一直在腦海裏縈繞不去。我們生命沒有一刻的平靜，我們腦海裏的故事總是在嘗試告訴我們一些東西，我們每天就圍繞著這些故事打轉。我們似乎難於獲得當下寧靜一刻。

　　我們要去學習覺察腦中的故事。它們是否真實存在，又或者它們純粹只是幻象的呈現，把你帶入一個又一個的幻象故事。

　　它們會產生能量，帶動生命故事的運轉。它們會驅使你產生一些情緒的反應，甚至開始懷疑和不信任身邊的一切事物，包括你自己。

　　生命會出現許多的變化，你要知道這些變化背後隱藏著一個真相，它們都是讓你成為更好的自己，它們會帶動你把不適合時宜的東西清理掉。

　　許多你不知道的、隱藏在你內在深處的、引發你內在混亂思慮與念頭的，它們不在你內在純淨的本質裏，這些都是你需要去清理的。

　　當你無法覺知，被這些混亂的思緒帶走的時候，生命會形成清理淨化的能量，在適當的時候幫助你重回到自己的中心。

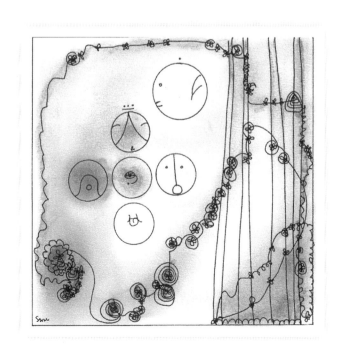

Kin100

每天開悟一點點

黃人波符第九天，太陽的黃太陽。

每天開悟一點點。

我們要學習每天把心敞開一點點，覺察事物的變化，接納事情的不同層面的呈現，並從中開始每天覺察一點點、覺醒一點點、開悟一點點。

這是力量的累積，生命智慧的開始形成。我們不要把事情想得很大，不要以為開悟是遙不可及的事。當你每天打開生命中接納的門戶，看見生命中的一點點真相，你就是往開悟的路途走去。

這是需要去累積的能量，不是一蹴可幾的。你要在你的生命中去積累。不管你現在生命的狀態如何，提醒自己每天做一點點開悟的事情，即使是那麼微不足道的事情。

從今天開始去累積你生命的能量，讓它達成一定的高度，帶你到更大的開悟。

每個人的進化旅程不一樣

黃人波符第十天，行星的紅龍。

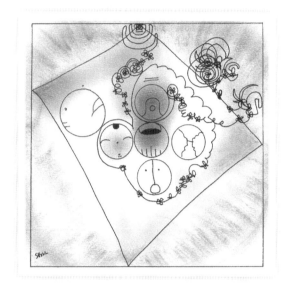

每個人擁有不同的智慧，每個人的進化旅程也不一樣。我們不能總是用自己的標準去衡量他人。

我們的標準只能用在自己，我們對自己要求高，我們只能夠鞭策自己，我們無法對他人擁有同樣的要求。

很多時候我們忘了，我們以為自己是最好的，我們要求他人能夠達到跟我們要求自己的一樣標準。但是，我們所不知道的是，別人也認為他們是最好的，他們也希望我們能夠達到他們的標準。

殊不知道我們沒有誰比誰好、誰比誰更厲害，我們都在自己頭腦編織的電路裏，我們只是跟著這一套的電路標準去評判和看待他人及自己。

我們要知道每個人擁有不同的智慧、每個人擁有不同的價值感，每個人都有他自己要體驗的故事，每個人都遵循著自己的生命路徑前進，每個人都有自己的完成進度和顯化。

我們要學習去尊敬和欣賞每個靈魂的勇氣和生命的顯化與創造。每個人的完成與創造建立在之前的完成與創造的基礎上再層層遞進，所以每個人擁有不同的智慧和意志。

我們要懂得去欣賞每個人的生命開創途徑和顯化的成就與智慧。

Kin 102

回歸生命靈性的傳遞

黃人波符第十一天，光譜的白風。

在生命進化的旅程，我們的生命也隨之擴展。我們歷經了人世間的風霜，我們瞭解了生命的真諦，我們擴展了生命的高度。

我們是有智慧的人類。我們的智慧在生活中一點一滴地重拾回來，我們的傲慢心一點一滴地放下，我們的慈悲一點一滴地升起，我們的胸懷一天一天地擴大，我們成了生命中活出來真正的人類。

我們不再受困於自己的小我，我們擴展至自己的大我、虛空中的真我。我們能夠自由地流動於生命的伸展，我們能夠喜悅地穿梭在生命的時空，創造屬於我們生命的獨特性。

我們能夠暢通地表達生命的本質，回歸生命靈性的傳遞。

再度找回自己

黃人波符第十二天，水晶的藍夜。

我們的腦中有一個不停在跟自己說話的自己。他總是不停歇地想告訴你什麼，他總是不停休地想左右你的決定。

你知道他是誰嗎？他是另一個你，他是一個沒有安全感的自己，他總是想藉由不斷地表達來填塞自己的空虛和恐懼。

他來自生生世世的你自己，在同時的這一個階段湧現出來，想被你看見內在的空虛和恐懼。他們也在呼喚著你去清理和調整內在的這個不和諧和錯亂。

這是內在的一個機制，它被安置在你的內在，像一個程序系統，不停地在播放，重複地出現。他們要讓你意識到誰是真正的主人，他們喧賓奪主，不把你看在眼裏，它們占據了你腦海裏大部分的思考空間。

它要你再度地覺醒，重回到自己主人的位置，不再聽由這些幻象的左右。它們並不屬於你，它們也不是你，它們只是一個記憶，一個在你生命中的不平衡累積的記憶，卻變成了主導你的成分。

它們要你再度找回自己，覺察它們的存在，看見它們的擾亂，回歸自己的智慧。

生命會開花結果

黃人波符第十三天，宇宙的黃種子。

生命中總會開花結果。

我們有許多的事情總是想去完成，在一天的議程裏、在一生的議程裏。我們好像總有做不完的事在等著我們，而在這一世的生命卻一點一滴地在流失。

當生命走到了盡頭，我們回首過去，生命中有許多的完成，卻也有許多的沒完成。

我們無法掌控生命中的許多不如意，我們無法編排生命的議程，它總會出現許多的無常，它會有不同的走向。

我們會成長，以我們自己的生命方式，生命總會流動到最適合你的成長，雖然這些成長可能充滿了風風雨雨和不確定性。但它們最終只有一個目的性，就是開花結果。

生命有它的成長的花朵和果實，我們在每一個生命成長的階段中都會嘗到不同的結果，這是生命的果實。

縱觀一生，我們會結果纍纍。每一個經歷都是一個成長的果實，不管它是甜酸苦辣，每一個體驗都是一個開花，它會結成不同的智慧果實。

我們要學習去收割這些果實，讓它們成為我們生命中的大成就，成為智慧人生的鋪墊。

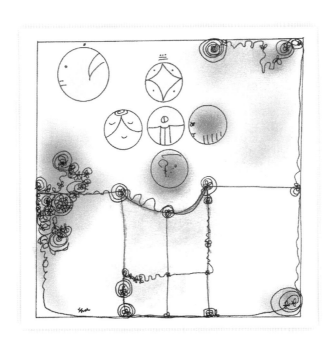

紅蛇波符

—— KIN105 – KIN117 ——

Kin105

生命像一朵花

紅蛇波符第一天，磁性的紅蛇。

生命像一朵花，總是在釋放出自己最美麗的部分，每一個花蕾都代表了生命的熱情綻放。

我們的生命由許多部分組成，有美麗的、也有不堪回首的，這些都是一個個的花蕾，等待著我們去釋放生命中美麗的部分。

我們不必去在意生命是否遵循著大眾化的美麗標準去綻放，我們只需要知道自己是獨一無二的。我們無需去遵循別人的腳步，我們有自己的旅程，舞動著自己的腳步，創造出天地獨特的舞步，舞起自己生命的繁花，撒起自己生命熱情的花朵，綻放自己獨有的生命力表達。

我們擁有自己的方式去行走自己的生命旅程，我們擁有自己獨特的生命力去應對生命的種種，激起屬於我們的浪花。

我們在浪花展現自己的毅力和生命活力，創造自己的不平凡，舞起自己的靈性進化。

用生命影響生命

紅蛇波符第二天，月亮的白世界橋。

生命不是為了過分平淡或過分鋪張而設計的。你要在生命的旅程活出你的生命熱情與潛能，你不能過於平淡埋沒了你的天性，你也不能過於虛榮膨脹你的欲望。

你要懂得一個中庸之道，在生命中平衡生命交托給你的熱情和活力，把它們發揮得淋漓盡致，創造生命的許多開端，展延生命愛的延續，讓它能夠連接更多的生命，啟發和激發生命更多的展現與潛能。

你能夠用生命影響生命。你要知道，很多人渴望活出自己的本質，當你能夠舞動自己的生命，你就能夠帶動其他生命的舞動。

你是一座橋，你能夠連接無限的可能性，能夠把生命帶到寬闊的維度，讓生命展延更多的可能，讓生命引領更多的美麗。你能夠施展你的潛能，也能夠帶動生命引領生命的無限。

你不能甘於過度平凡，簡單耗盡一生，你要盡情地舞動生命帶給你的活力，為自己也為世界帶來更多生命潛力的拓展。

信任自己，給予自己這一份禮物，讓生命活出自己的潛能與生命熱情及魅力。

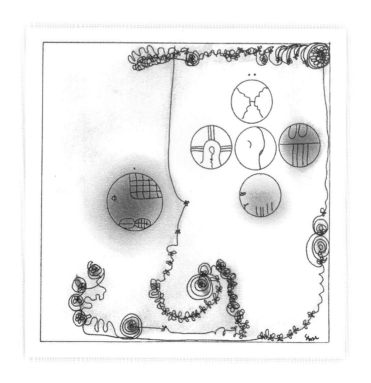

生命還有更高層次的存在

紅蛇波符第三天,電力的藍手。

大部分人的手是拿來應付日常生活的,只有少部分人的手是用在創造的,這沒有什麼不對。我們生活在三維的物質世界,我們窮於應付生活的種種,我們大部分的時間都用在生命中的物質和情感的抓取和擁有的創造。

但是,我們忘記了生命還有更高層次的存在,這個更高維度的自己是來創造的。利用自己生命的潛能與熱情,為自己打造生命中更高層次的學習、體驗與創造。

我們需要去啟動這股屬於我們的力量。它根植於我們的海底輪,是一股非常強大的生命創造的原始力量。它能夠用於生命中的種種創造,最終我們要創造的是一個更大的顯化與呈現。

我們擁有療癒自己的能量,我們需要去激發自己這股生命的活力。我們需要這股活力來維持我們生命的活力,讓我們可以展現自己生命熱情和潛能的所在。

這股生命熱情和潛能,能夠激發我們生命中的創造。當我們滿足了生命低層次的需求,這股生命活力就能夠引領我們進行更強大有力的創造,而不是讓我們只是繼續沉浸在物質情感毫無盡頭的追逐中。

我們生命擁有更大的創造,這個創造能夠引領我們蛻變、提升和成長。

為自己生命打開了許多門戶

紅蛇波符第四天，自我存在的黃星星。

生命為各種可能性打開了門戶，你會發現生命精彩無比。

生命是一個螺旋上升，我們不斷地提升自己連接各種可能性的能力，我們不斷地開拓新的連接，完成生命賦予的潛能和本質。

我們來自更大的生命，更高智慧的存在，我們是其全息的一個部分，攜帶著同樣的訊息與潛能。當我們能夠打開自己在無限可能性的連接，我們就能夠活出生命中賦予的無限創造、無限美麗、無限和諧。

我們是為自己生命打開門戶的創造者，我們賦予自己生命各種色彩，我們賦予生命各種精彩，我們賦予生命各種意義。

活出自己本能的美麗，讓它提升到生命的另一個高度。

我們為自己生命打開了許多門戶。

讓情感流動

紅蛇波符第五天，超頻的紅月。

讓情感流動，帶動你生命的流動。

我們有七情六欲，它們就像流水不斷地流淌，我們無法壓抑，我們只能夠引導疏通。

我們可以藉由這些情感流動帶動生命流動。生命由許多部分組成，我們需要去兼顧每個層面，我們不能忽略這些生命層面的需求。

我們有欲望，想追逐情感和物質。我們需要覺察，這是生命流動的一個部分，我們藉由滿足這些生命基礎需求體驗和學習超越它們的主導，回到真實自己的流動。

我們需要學習如何觀照與覺察，如何相融與平衡，在物質世界與靈性世界之間的平衡和相容。

生命會歷經蛻變、流動和療癒，我們會收穫自己的力量。這個力量增強了我們的生命質量，不再羈絆於世俗的捆綁，超脫生命的局限，流動到更大的河流，達至生命更大的淨化與流動。

生命上升必經之路

紅蛇波符第六天，韻律的白狗。

我們總是不斷地在平衡著生命中的愛恨情仇。

我們有很多愛的人，我們也有很多不愛的人，甚至愛的人變成不愛，不愛的人變成愛。我們也有很多想要的東西，今天你喜歡這個，明天你喜歡另一個。

愛與不愛、恨與不恨、喜歡與不喜歡，我們總是在這些情感中徘徊，生命的能量就在當中消磨掉了。

這是一個體驗，生命上升必經之路。我們總是不斷地在平衡和調整身邊很多人事物的糾纏，在情感中起伏，在物質中穿梭。

直到有一天，我們能自由自在地把生命中歷經的情感和磨練放下，我們生命就會提升到另一個層次。

到時，我們不斷平衡的不再是情感與物質，我們在生命的另一個高度去平衡生命的質量。

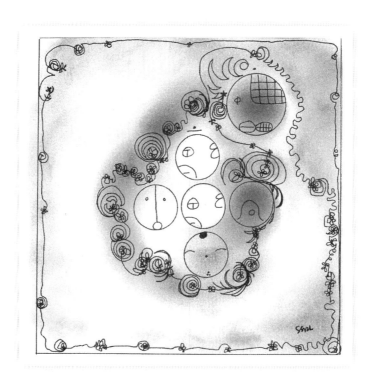

你要快樂地玩起來

紅蛇波符第七天，共振的藍猴。

你要快樂地玩起來，不要在意別人的眼光。你有自己生命的活力，你能夠在遊戲中激起生命的熱情與活力。

人生就像一場遊戲，一出生我們就投入了遊戲場，生命結束後我們離開了遊戲場。

你已經在遊戲場了，就盡情地在玩樂中利用你生命的熱情與活力去創造，利用遊戲場的種種資源創造生命故事的遊戲。

生命有許多精彩，你可以帶著好奇和探索，尋找生命在遊戲場中要賦予你的意義和學習。

往往，你沒有在遊戲場裏活出自己的天賦潛能與使命，反而受困在遊戲場的編劇中，陷入生活劇場的劇情，成為了受害者。

這場遊戲的規則就是逆轉受害者的角色，成為生命中每一個場景的負責人。你負責每一場遊戲的演出，你負責去尋找生命中的真相，你負責去轉移生命中的發生，你負責去看見每個與你生命共振的人事物如何在你生命的遊戲中激發了你生命的潛能與無限。

你要懂得幽默地去領取每一份生命給予的獎杯，把它們高舉大笑。

生命會前往高層次的流動

紅蛇波符第八天，銀河星系的黃人。

當生命穿越了種種的幻象，我們會成為有智慧的人類。我們不會永遠受困在低層次的學習，生命會前往高層次的流動。

當我們成為有智慧的人類，我們能夠帶動更多的生命前往高靈性的存在。

生命會歷經許多階段的進化和成長，縱觀人類的歷史也是如此。生命是一個進化過程，我們不會永遠停留在物質與情感、生存本能抓取的追求。

當我們歷經、體驗和穿越生命的種種課題，我們會發展成為擁有真智慧的人類。

人類是集體動物，我們與其他的人類物種息息相關，相互連接和影響。我們在一個集體的世界，我們要去關愛和照顧所有跟我們一樣的生命體，我們無法捨去集體而獨自生存。

我們要同體大悲，相互攜手同進，回到大同世界的存在。

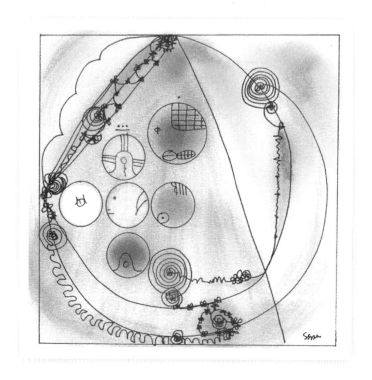

回顧你的人生

紅蛇波符第九天，太陽的紅天行者。

　　你要常常去回顧你的人生，你要常常從現在的這一個點回去看你過去的某一個點，你要從現在的眼光和角度去看你過去的眼光和角度。

　　你會發現許多有趣的事，你可能會回到過去的悲傷、過去的快樂、過去的留戀。現在和過去它們同時存在，都在當下這一刻的你，在不同的時空點，但在相同的宇宙平行。

　　你要知道，所有的東西都融匯在你這一個點，是你啟動了所有的連接，是你的存在會合了這所有的東西。你可以是過去的你，你可以是現在的你，你可以是未來的你，你可以是平行宇宙任何的一個你。

　　你在自己的生命扮演著極其重要的角色，你想扮演哪一個角色，用你的連接和探索去啟動，每一個你帶來不同的覺醒，他們都為現在的你彙集資糧，成為愛與光的資糧。

　　你始終會踏著這些生命光的彙聚回去生命原本屬於的地方。

顯化生命的奇蹟

紅蛇波符第十天，行星的白巫師。

顯化生命的奇蹟。

我們每天都在尋找生命的答案、生命的意義。你是否想過，為何當下的這個時間和空間你會存在於此時此地？你為何而生？你為何而死？

生命充滿了奇蹟，我們的存在本身就是一個奇蹟。我們生物身體運作系統的精準，我們在每個時空點遇見每個人事物的發生與共時，這些都是奇蹟，它們如此巧妙精準地相遇了。

這些都是我們的創造，我們生命中的每一個發生來自於我們的創造。我們投射了許多的意念，我們創造了許多的空間，讓這些意念在當中醞釀和共振，在某個成熟的時間和空間，它們相遇了，發生了當下所要發生的。

如果你可以清楚地看見，你會知道當下的自己如何與過去、未來的自己合作，創造整個生命的運轉。

在每一個時空點都有一個你，都有一個自己在呼風喚雨。你在自己的時間與空間創造了當下的每一個你，為你的生命進化而鋪路。

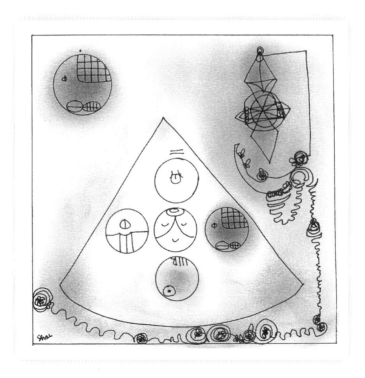

看見每個當下的因果

紅蛇波符第十一天，光譜的藍鷹。

　　如實地看見每一個當下的發生。每個當下的發生都有其因跟果，它們都有絲絲相扣的因果關係。不要只是停留在表層去看見事情的發生，在每件事情發生的底層有著重重的因緣關係。

　　你要學習去擴展自己看待事情的能力，而不是只是跟隨自己的情緒、喜好去做反應。你要學會去感受自己看事情的感受，從你的感受中去剝絲抽繭，明白為何當下自己會對某件事情起了某個想法和感受。它們來自更深層的你，被層層的因果包圍，它們包含了人類集體生存意識的恐懼，你生生世世生命的體驗，你基因攜帶的記憶、祖先的傳承、家庭的因素。

　　每一件事情背後有著龐大的因果，你要學習跟隨你的直覺，去感受當中的攜帶的訊息和發現，它們會為你帶來生命慈悲的覺醒。

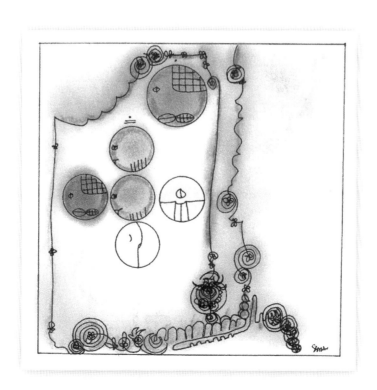

生命更大的探索和覺醒

紅蛇波符第十二天，水晶的黃戰士。

生命不會一直停留在戰鬥和為生存而苦惱的階段，我們不是為了解決生存問題和處理矛盾而來到這個世界上，我們還有更大的東西要去完成。

肉身跟靈性的結合，是我們的存在形式。我們有物質的身體，我們有靈性的光體，它們相互結合形成了這個能夠思考、能夠行走、能夠創造的我們。

我們要兼顧二者的需求。物質身體想要安全感、生存的本能，靈性光體想要創造，完成這一生的使命，帶領我們進化。它們是合作的關係，相互融合。

它們為不同的事物而戰鬥，但卻又是相輔相成。我們需要藉由物質身體的體驗去提升我們對於世間的理解和體悟。

我們需要藉由靈性光體的大愛與慈悲去升起生命的智慧，這兩者合作無間。我們只需要不斷地往內外探索，最終合一，整合，讓它們成為一致的動力，前往生命更大的探索和覺醒。

生命會自動地導航

紅蛇波符第十三天，宇宙的紅地球。

生命會自動地導航。

當你活出生命應有的高度，啟動了生命內在的導航器，生命會帶領你自動地穿梭在時間與空間，尋找最適合你當下的機遇。

你所要做的就是不斷看見當下的美好，尋找每件事物當下給予你美好的感受和體悟。然後從這美好的感受和體悟中，發現生命更大的天地與航線。

生命會牽著你的手，把你生命中對你最有幫助的東西帶到你的面前，你只需要領受這一份禮物，帶動更大的生命導航。

當生命能夠穿越，達到進化的提升，你能夠帶領更大的領航，你不只是自己生命的導航，你也為世界導航。

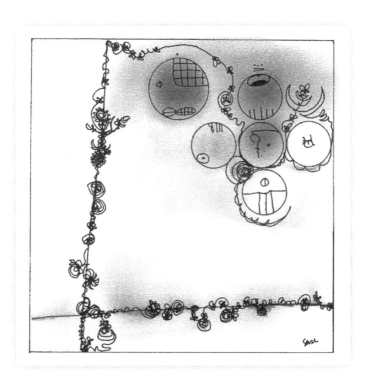

白鏡波符

───── KIN118 – KIN130 ─────

最好的自己就在當下

白鏡波符第一天，磁性的白鏡。

把心中的那一面鏡子擦亮，看見自己心中的美麗。你流轉了無數的生命故事，尋找生命中的美麗，回歸生命中的純淨。

生命就在當下你回歸自己，跟當下的自己連接，看見自己的美麗、自己的存在、自己的光芒。

你總是在尋尋覓覓，想找到最好的自己。其實你並不知道，那個最好的自己就在當下，就在眼前，你懂得欣賞自己、肯定自己、信任自己的每個當下。

世界上沒有最好的東西，你尋遍世界也無法找到。因為最美麗的當下就在此刻你與自己相連接，你認出了自己的本質，你看見了自己生命運轉真相的每一個當下。

你知道真實的自己，如如不動，就安住於當下，沒有過去，沒有未來，只有當下。你不再投射，你不再反射，你不再映照一切的幻象。你只是回歸真實的自己，外在如實地反映。

你只是回歸當下每一刻的真實，愛與光的顯化。

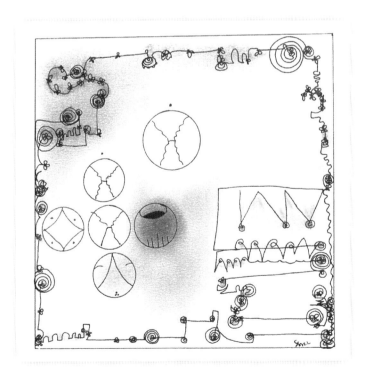

你本自圓滿

白鏡波符第二天，月亮的藍風暴。

　　要成為真實的自己並不容易。這意味著你要常常去看見，哪一個層面不真實的自己掩蓋了哪個層面真實的自己；這意味著你先要去探索和清理，導致自己與自己矛盾衝突的那一面。

　　你會面對許多的不舒服，你得先清理自己的驕傲自大、卑微自憐、憤怒嗔恨、自私貪婪、懷疑不信任。你需要打破自己的許多保護框架，赤裸裸地被清洗一番，才能夠把自己真實的一面彰顯出來。

　　你本自圓滿，卻在生命的流轉中沾染了塵埃。這些不屬於你的，通通拿掉，回到真實的自己。

　　你是否願意去面對自己，回歸真實？這取決於你的覺醒程度。生命是一個淨化過程，我們沾染了許多不屬於我們的，卻把它們當真，投入了生命沾染的角色和遊戲場。

　　我們要回歸真我，從這些沾染的角色回歸真實的自己，當中歷經了許多的體驗與學習，讓我們一層層地蛻變，蛻掉不再服務於我們的外衣，回歸生命的本質。

　　這一切是生命創造過程的體驗，體驗過後就要回歸生命的清淨和純然。

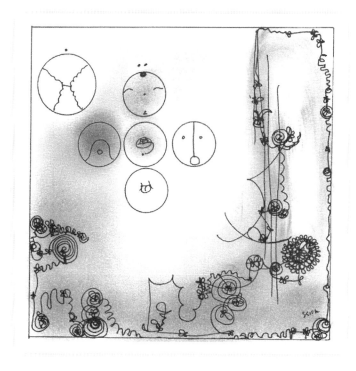

愛讓我們啟航

白鏡波符第三天，電力的黃太陽。

啟動生命回歸的是慈悲。我們心中都有一份愛，對自己的愛、對他人的愛、對世界的愛。

愛讓我們啟航，愛讓我們回家。我們都愛自己，我們希望自己能夠回到當下美麗的自己，懂得愛自己、欣賞自己、信任自己、看見自己。我們希望自己能夠遠離一切不和諧與矛盾，我們渴望回到內在的平靜與和諧。

我們會為自己導航，帶領自己回歸生命的平靜與和諧，這一份愛會啟動我們活出真實的自己。

我們會給予自己這一份禮物，我們會無條件地愛自己。當我們回歸真實的自己，我們會知道這個世界上的萬事萬物原本一體，我們從未分離，我們相互連接，我是你，你是另一個我。

我們會升起慈悲與愛，平等無礙地看待一切眾生，平等無礙地融合世界的美麗。

古老能量的傳承

白鏡波符第四天，自我存在的紅龍。

生命存在著某一種形式，每個物種有其生存的模式，但在這個各式各樣的模式當中卻還有一個更大的模式。

每個物種都在進化，以其節奏和方式。人類也在進化，從原始的祖先模式到現在發達的人類，人類以各種不同的方式在進化。

生命是一個進化的過程，天體行星也在不斷地演變及進化。兩者似乎遙遠，但同屬一根源。我們來自造物主的創造，我們有著造物主全息的演變與進化。

我們處在天體的不同位置，每一個當下我們在不同的時空點，每個時空點有著不同的能量。我們在不同的時空點，不同的能量下進行我們的演變和進化。

人類要去看見自己與行星天體變化的同步，我們受著不同行星天體演變的影響。我們的生命在古老的傳承中延續，不能失去自己的根源。

我們要知道自己跟整個宇宙大生命的關係，它們如何牽引著我們生命的變化和傳承。我們來自於這股古老能量的傳承，我們要去明白古老傳承的實相。

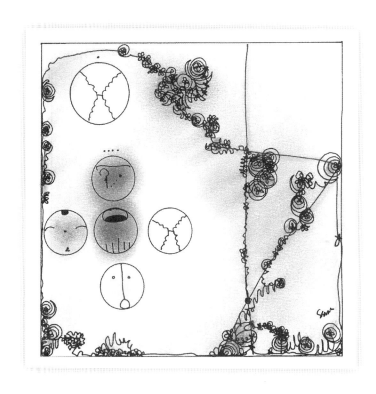

如實地展現自己

白鏡波符第五天，超頻的白風。

如實地展現自己。

當生命能夠如實地展現自己，我們的心是自由的，我們不再捆綁於一切的不真實。當我們把外在所有掩蓋和不清晰的那層迷霧掃抹掉，我們內在是通透明亮的。

我們不再堆積塵埃，我們清理塵埃，在光亮透徹的鏡面上不再反射塵埃的遮影。我們活得自在，暢所無阻地唱著自己的歌兒，表達最真實的自己，活出和諧與美麗的自己。

我們的表達不再是為了掩蓋或達至某個層面的目的，我們的表達不再膨脹或者萎縮。我們像天地的一隻小鳥，自由翱翔在自己生命表達的天空，畫出美麗的身影，回歸自在的天性，帶來靈性的傳遞，來自我們內在最深處的靈動。

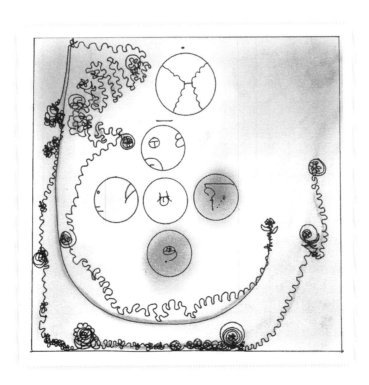

打開你的心窗

白鏡波符第六天，韻律的藍夜。

當你面對生命中的一些課題或者你對人事物的一些看法和感受感到負面的時候，請你如實地去面對它，如實地看見自己如何如實地擁有了這些負面的看法或者感受。

你不必逃避、不必偽裝、不必自責，你只需要如實地看見它們的確出現在你的思維中，你生命運作的系統中。

你要打開你的心窗，去邀請它們與你共處，邀請它們出來，幫助它們去清理和平衡自己不平衡的那個部分。這些不平衡的部分帶給你的是讓你遠離了自己的中心，看不見真實自己的價值，迷失和恐懼。

它們讓你無法與真實的自己連接，無法相信世界的美好。它們讓你一再地以它們的標準創造了你生命中不請自來的實相。

你先要去瞭解它們，平衡它們的扭曲，清理和擴展自己內在接納的空間，活出自己豐盛的本質。

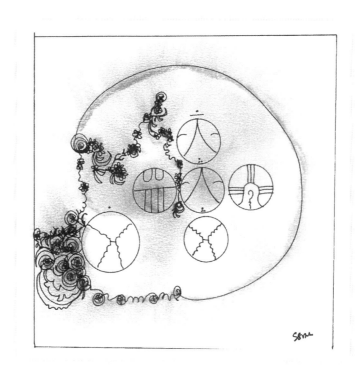

Kin124

我們是一棵大樹

白鏡波符第七天，共振的黃種子。

我們共振到生命中的哪個自己？

生命有其成長的節奏與秩序，我們在一個學習和體驗的平臺中成長，我們會歷經生命的一個成長過程。

我們可能會體驗到了不自信，不相信自己，懷疑自己，沒有連接到真實的自己。但是，這只是一個過程，到最後我們會發現其實自己是一棵大樹，一棵值得信賴的大樹。

我們可以自己供給自己所需要的東西，我們不必依仗外在的權威來給予我們所需的，我們不再是小樹。我們有足夠長的根，足夠伸展的枝葉來連接天跟地，我們擁有足夠的能力佇立在天地之間。

這是一個成長過程，回歸真實的存在。我們共振著自己全息的天性，我們擁有生命成長的能力，我們要去相信自己就是一棵大樹，共振著生命偉大的全息成長。

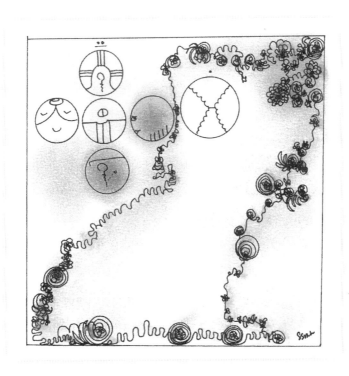

生命的偉大

白鏡波符第八天,銀河星系的紅蛇。

每個人都有自己選擇的旅程要走。我們無法左右別人的旅程,無論是我們和別人存在著怎樣的親密關係。

生命天生就是想去嘗試、想去體驗、想去完成生命中的一些東西,無論路途如何艱辛苦難,這都是生命的一個選擇,為了體驗更深更廣的生命成長。我們無法阻止別人去體驗其生命的成長,我們只能夠祝福與支持。

生命有其堅韌度,有其生存的本能,它會在磨練中把你帶到一個高度。當你從高度再往下去看,一切都算不了什麼,你會在當中的過程中理解和領悟生命在平淡中無法領悟到的智慧和成長。

有時我們會把這詮釋為其固執的一面,但是如果你明白靈魂對於穿越和成長的渴望和勇敢,你會帶著祝福去理解生命的偉大。

我們在生命的實相中找回自己,我們會理解和知曉為什麼生命會歷經那麼多的波折和坎坷,我們會成為生命中想要的自己。

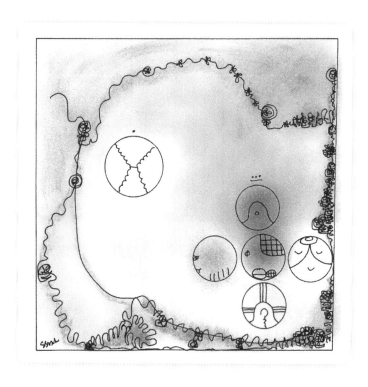

重回自己生命的原點

白鏡波符第九天，太陽的白世界橋。

我們必須跟內在的自己連接，這是通往世界的大橋。我們必須跟內在真實的自己連接，這是通往各維度世界的巨橋。

我們常常跟外在很多的人事物連接，我們把注意力都放在了外在，我們忘了自己、忘了自己跟自己的連接。

我們比什麼都重要，我們比起外在能夠吸引你過去的所有人事物都重要得多了。只有你自己能夠帶你回到內在安靜的臨在，回到自己的中心，拿回自己的力量，不再往外耗散生命的能量與活力。

只有你自己能夠幫助自己的穿越，在這繁忙的人世間回到自己內在連接的一個點。你能夠在這個點穿越時間與空間，帶領你去了悟生命的真相、了悟生死的意義。

你在人世間的一切無非不是為了恢復自己本來真面貌而來，你想在這裏為自己建立一座又一座的大橋，連接無數個空間時間維度的自己與源頭。

你要在這裏把它們合而為一，不再分離、不再分裂，回到生命的最中心點，為真實的自己開展生命中的愛與光，重回自己生命的原點。

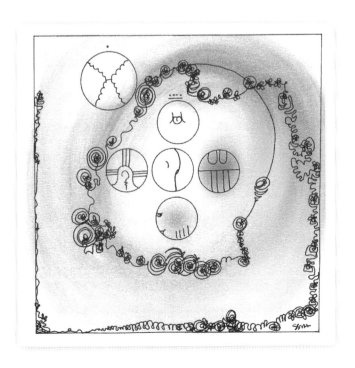

回歸本質的自己

白鏡波符第十天，行星的藍手。

生命中有很多的創造和顯化。

我們安住在自己的中心，任由生命的創造和顯化出現在我們生命的旅程。我們從這一段走到了另一段，從生到死，從年輕到老，我們走過了一段又一段的旅程。

旅程中或許有許多值得你驕傲的事，旅程中也許也有許多讓你遺憾的事。我們總是不停地在創造，在那個當下我們總是想顯化出最好的東西，我們想要被看見，我們想要被認可，我們總是顯化出了生命中一件又一件的事情。

你知道你如何在顯化嗎？你顯化的是當下真實的那個你，當下真實的那個你擁有什麼，創造什麼，就顯化什麼。

你或許並不知道當下的那個真實的自己是怎麼樣的，你可以看看你身邊的顯化，它在告訴你，你當時擁有了什麼樣的振動頻率和能量範圍在你的生命場。

這些顯化是為了療癒和成就更大的自己。你不是當下這個肉身的你，你不是當下這個你認為的你。你還有一個更大的自己，靈魂本質的自己。

生命在層層的顯化與療癒中看見真實的自己，回歸本質的自己。

一切事物皆有其規律與秩序

白鏡波符第十一天，光譜的黃星星。

生命中有美麗的自己，也有不美麗的自己，有美麗的事情，也有不美麗的事情。這是人們的認知。

其實我們如何去定義美麗或不美麗？這個世界上的一切事物皆有其規律與秩序。生命在這些宇宙大自然的規律與秩序中運轉，一切都有其平衡和運作的方式。

如果我們能夠看見這些能量模式的運作，我們就會明瞭世間的許多發生，我們就會理解生命的美麗和不美麗是基於什麼基礎而發生，它要引領生命去體悟的又是什麼。

很多時候我們只是在事情的表層去理解事情的發生，我們也只是在表面去理解自己和他人的動機和行為舉止。我們受困了在自己對世界和人事物的認知，我們一直在這裏打轉，緊抓不放。我們無法更深入地去看見和理解當中的生命意義。

生命的美麗就是你能夠看見生命折射出來的光譜，各種人事物發射出來的折射背後的光譜。你不再評判，你全然地欣賞生命的精準發生和投射，把它們化為一面又一面的鏡子，把你帶回自己的投射中心，回歸自己能夠去安住在裏面的那個點。

慈悲讓愛流動

白鏡波符第十二天,水晶的紅月。

慈悲讓愛流動。

當我們看見生命的一些實相,我們會起了評判心。我們內在的愛不夠,我們無法接納、無法流動,我們卡在了當中。

如果你內在擁有足夠的愛與慈悲,你會在看見實相的那一剎那馬上升起了慈悲心,去理解和體悟當中不圓滿的因緣而帶動自己更多的體悟。

我們無法強求自己的愛與慈悲,它們需要在生活的領悟中去體驗、穿越和活出來。生命有許多的真相是我們肉眼所看不見的,它們有著無窮無盡的反射與投射,我們只有在愛與慈悲的心中慢慢地感受和領悟。我們只能夠在流動中體會當中的奧妙。

我們在生命的流動中帶動了與自己的合作,從我們生活的點點滴滴中升起更多的愛與慈悲和流動。

我們也在更大的生命流動中開啟了跟宇宙的合作,活出了生命中更大的愛與慈悲和流動。

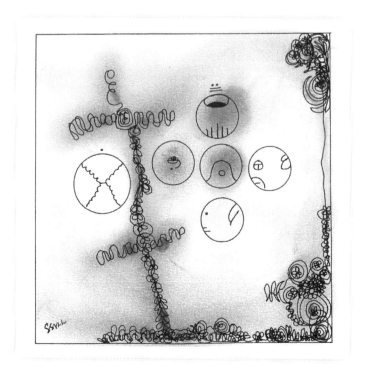

一切都是愛

白鏡波符第十三天，宇宙的白狗。

生命的終極真相是一切都是愛。

我們所看到的一切，我們所經歷的一切，到最後都是為了活出我們自己就是愛的本身。

這話聽起來不容易，我們不容易相信一切都是為了愛而發生。我們本身就是愛，愛一直在我們的心中，你只要把它活出來。

我們一直在尋找愛，尋找愛自己的方式，尋找愛他人的方式。我們期待、我們偽裝、我們抓取，這無不是為了害怕無法獲得愛。

我們終其一生都在愛的課題打轉，但真正學會愛，穿越愛的沒有多少個。因為我們總是往外祈求、往外抓取，而沒有正視其實是我們自己並沒有活出愛的本身，我們沒有連接內在愛的根源。所以我們找不到愛、看不見愛，只有埋怨、批判和期望。

當我們內在足夠強大，我們會連接自己的愛，我們不再渴望外在的給予，我們能夠接受來自外面的愛，也能夠給出內在的愛。這會形成一條電路，啟動我們內在更大的愛與慈悲，啟動生命中更大的旅程，活出自己的愛與光，活出生命的豐盛，參與世界的創造與改革。

藍猴波符

—— KIN131 – KIN143 ——

每個變化都是不同的世界

藍猴波符第一天，磁性的藍猴。

什麼是幻象？為什麼說生命是一個幻象？

我們不都是真實的存在嗎？萬事萬物不都是真實的出現嗎？

這一切的確是真實的存在，卻又不真實的存在。我們無法抓緊生命的每一刻，生命在流動、生命在流逝、生命在變化。

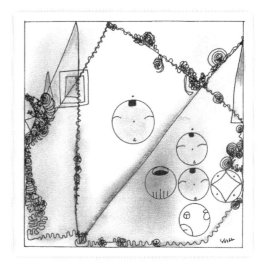

生命存在多重的因素、多重的疊加、多重的呈現。你看見現在的我，那麼真實，你看不見過去的我，也看不到未來的我。但他們也同時存在，從我存在的這一刻，他們就跟我緊緊相連，他們牽動著我的每一個當下，他們存在於我生命中的另一個時空。我們交互重疊，交互連接。

這是生命中的每一個因緣的變化，牽動著我們多重的變化，這一刻跟下一刻是不同的變化，不同的呈現。我們不在一個固定的因緣，我們變化無窮，生命中的細微變化是你常常察覺不到的。

在每一個變化當中，我們已經不是原來的自己了，在每一個變化當中，世界也不是原來的世界。我們要看破，每個變化都是不同的世界、不同的自己，我們如何能夠安住在一個不變的世界。

所以，每一刻既是存在，又是不存在。我們不要陷入生命固化的認知，以為當下一切都是永恆的，每一個變化涉及過去未來，而這個過去未來也不是只有我們當下所看到的這個時間和空間，它還涉及了更多的維度、不同的時空點、不同的能量。

當沒有一刻是在相同的時空點，我們如何緊抓當下所擁有的這一切，希望它永恆不變？永恆長存？

Kin132

看清生命中的每一個變化

藍猴波符第二天，月亮的黃人。

生命是一個旅程，帶領我們看清生命中的每一個變化。

我們從僵固的認知，無法轉動的思維，死守舊有的不放，過渡成為有智慧、有彈性、自由的人類。

我們為許多枷鎖所捆綁，一切來自我們固有的電路思維，它們形成了一個又老又硬的電路，總是在左右著我們，無論是對自己還是他人。它們不再服務於我們，卻又捆綁著我們，讓我們困惑、僵硬和不流動。

我們的生命旅程就是要扭轉自己這些不合時宜的捆綁，讓我們成為真正有智慧的人類，能夠為自己和這個世界帶來更多美好和影響。

我們要回歸自己自由的心，選擇自己生命中所要去探索和成長的旅程，讓生命綻放於快樂、自由和智慧的疆土中。

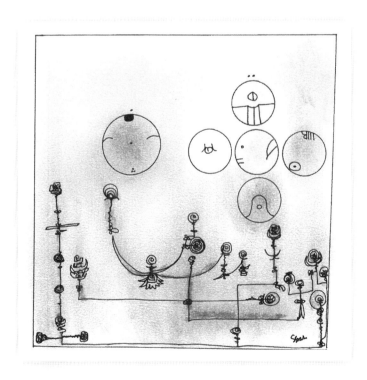

你值得擁有更美好的東西

藍猴波符第三天，電力的紅天行者。

啟動生命的探索。

生命中有許多好玩的事情，不要局限自己在生命的劇情中，你值得擁有更美好的東西，你要去開拓自己的心胸邊界，讓它能夠容納更多的生命探索。

生命有許多有趣的事，如果你只是把自己局限在一個固定的生命框架，你無法體會生命的多彩和豐富，只會在自己的家庭環境劇情裏成為受害者。

你也要打破思維的框架，讓它能夠伸展到天堂的維度，不要老是停留在地面的看見，你可以探索的時間、空間大得很，像孫悟空翻筋斗，無窮無盡。

你要知道自己生存在一個怎樣的時空點，這個時空點是多個維度的存在，你可以自由地在每個維度穿梭，這是你生命的本質。

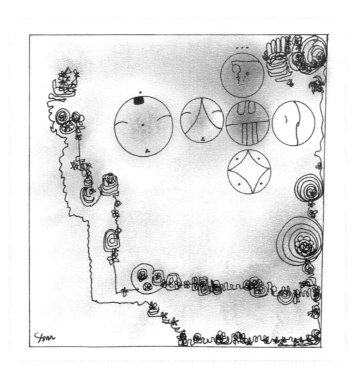

變出生命的魔法

藍猴波符第四天，自我存在的白巫師。

你以怎樣的形式存在於當下的這個時間與空間？這是一個值得你去思考的問題。

你是否急躁不安，無法安住於當下，又或者你能夠平靜無礙，享受每個當下的存在。

生命有很多個層次，你停留了在那一個層次決定了你生活的品質。這無關金錢物質，很多時候我們以為當我擁有了什麼，我就能夠成為怎樣的人。其實，剛好相反，當你成為怎樣的人，你就能夠擁有怎樣的生活。

這跟你生命的層次有關。你活在了生命的那一個層次決定了你會過怎樣的生活品質。

你活在了幻象，你就過著被幻象捆綁的生活，你看破了幻象，你就能超越幻象背後的迷惑，如如不動的處在自己的中心，不為外在一切所動。

你還在紅塵，但超越生命幻象的捆綁，自由地遊戲在自己的時空，變出生命的魔法。

看見世界上一切的幻象

藍猴波符第五天，超頻的藍鷹。

看見世界上一切的幻象。

生命常常陷在生命劇情幻象的故事，你要跳出來不容易。當你身在其中，你不必恐慌，你要嘗試讓自己能夠靜下來。當你能夠靜下來，開始能夠回到自己的中心，你能夠去覺察當中的能量是如何運轉的。

你可以去感受生命故事帶給你的體驗，你在當中所要扮演的角色是什麼？生命所要帶給你的穿越是什麼？

所有的故事都有主題。你先要去看見主題的大綱，先要去理解生命的原理，你要知道生命中所有的一切發生都是為了服務於你的成長。

首先要跳出自己深陷的恐懼和憤怒，感受當中的契機。你失去了什麼？你得到了什麼？當你內在不再糾結於得失輸贏，你就能夠開始拿回自己的力量，回到了自己生命主宰，看清生命所要告訴你的，領悟生命所要引領你的方向。

生命總有其精準的預算，在我們看來可能不是一個最完美的呈現，但在大生命整個流轉的呈現卻是最好的，它服務於所有維度，所有面向的你。

戰勝生命中出現的怪獸

藍猴波符第六天，韻律的黃戰士

生命有時候是一場戰鬥。你必須保持高昂的戰鬥力，堅毅的心智去戰勝生命中的挑戰。

生命從來不容易，它並不是無風無浪，平平白白地過一生。生命中會出現挑戰和障礙，如何跨越和穿越這是一個非常個人的問題，這也是一個考驗個人成長和智慧的時候。

任何的挑戰都是生命中的欄架，它帶來的是生命往高維度的進化。你在平庸人生看不見的生命智慧會在生命的欄架中看見，你體悟不到的生命意志力會在障礙中穿越。

我們是生命的鬥士，一關又一關，跳過了一個欄架又一個。生命要帶給你的啟示是什麼？生命在不斷地成長，不斷地平衡，不斷地調整。

你是一個通道，通往生命最美麗的天堂。你要尋找天堂的旅程，旅程當中是重重的障礙，你是故事裏的主角，揮灑著你的光之劍，戰勝生命中出現的怪獸。

所有的一切都是一個幻象，但你必須去體驗，從體驗中回歸生命真實的自己。

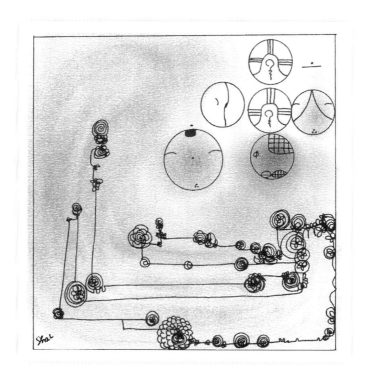

為自己生命導航

藍猴波符第七天，共振的紅地球

風在搖擺，雨在狂下，我在屋裏沉思。

在我生命中的數十年，我經歷了生命的起伏，我看盡了生命的風雨，我回到了自己的內在，我再次的臣服於生命的偉大。

你要看懂，生命中的一切幻象，它讓你在當中起起落落、上上下下。你的心跟隨起舞，你的愛恨跟隨流動。

直到有一天，你能夠回到自己的中心，坐鎮你的中心，不再跟隨幻象起舞，不再跟隨生命的起起落落共舞。你成為自己的導航，你成為世界的導航。你活出自己的力量，這些力量來自你生命中重疊的多重體驗。

曾經你在體驗中跌倒，沮喪；曾經你在生命的體驗中狂喜，驕傲。但這一切終究會成為過去，最終是要回到自己內在的平靜與和諧，回到自己內在的導航。

當這一些能量開始回收，你不再往外耗散，你的心不再流浪在外，你回到自己的心中，再次提起心中的明燈，為自己生命導航。

你知道自己的方向，你知道生命終極不是只是在那一刹那的榮耀，你開始為自己導向細水長流的生命進化，伴隨你一生美麗的轉化，生命航向更大的自己，那個包羅萬有的自己。

活出生命真實的本質

藍猴波符第八天，銀河星系的白鏡子。

我們的天空是一個大屋檐。我們都在這個大屋檐下。

我們看著同一片天空，我們看見白天藍色的天空，看見夜晚星星月亮點綴的夜空。我們同樣是人類，不管你是紅白黑黃或其他的膚色。

我們不同的地方在於我們有著一片不同的過濾鏡。我們每個人都有一片過濾鏡，我們每一個國家都有一片過濾鏡，我們每一個不同的文化都有一個過濾鏡，甚至我們不同的時代有著不同的過濾鏡。

我們透過這個過濾鏡看世界，這個過濾鏡是白的，我們看見這個世界是白的；這個過濾鏡是花的，我們看見這個世界是花的。

我們經過了千百年的輪迴，我們的過濾鏡有著許多不同的顏色和花樣。當你在這一世透過你的過濾鏡去看世界的時候，你的世界就會呈現這些過濾鏡的顏色和花樣。它們是無窮的反射和投射，你甚至已經無法知道你的世界是如何編制的。

你要穩住在你的中心，看見投射與反射如何交叉作用，形成你目前的世界，你目前的生命編織。你只有在靜中看動的狀態中，才知道你是如何被編織了在幻象的矩陣裏。

你只有能夠在不為所動的狀態下才能夠活出生命真實的本質。

風暴起於空性，也止於空性

藍猴波符第九天，太陽的藍風暴。

風暴總是在我們未能覺察的時候悄悄地來臨。風暴帶來了風雨，強大的破壞力，也帶來了強大的清理和淨化的能量。

我們感受風暴強大的力量在一瞬間，或許你會害怕、恐懼、無助。但是，你所看不見的是風暴的根能量。

風暴的發生不是在那一瞬間，它已經在一定的時間點和空間點開始，一點一滴，直到它形成了大風暴，在你這個時間點和空間點看見了它。

它要告訴你的訊息是無窮無盡的，你的人生在某個時間和空間點累積了這些能量，這個能量爆發了。你不要停留在你的恐懼，要知道所有的東西都是能量，能為你使用的能量。你要去駕馭它，不要讓它馴服你。

你的生命無風不會起浪，你要看見那最初的點，它把你帶到了這裏來。你要看見現在的這個點，它要把你帶到哪裏去。你要明白人世間的空性，一切在空性運作。

風暴起於空性，也止於空性。

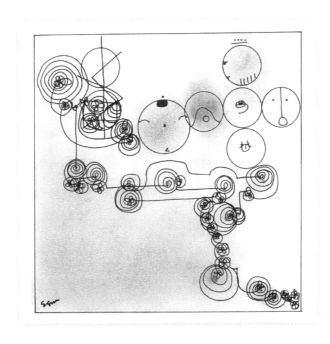

我們都是光源

藍猴波符第十天，行星的黃太陽

太陽在樹的上方，照耀著我的心。

我的心儲存了許多以往的記憶，這些記憶來自我生生世世，它們在我的心中形成了現在的我。

我藉助太陽的光、太陽照耀的光，溫暖了我的心，心的溫暖讓我願意面對我內在的記憶。

我的心裏有一個倉庫，這個倉庫收藏了我累生累世的記憶，這些記憶帶領我體驗、學習、穿越，也為我的世界帶來巨大的震盪。

我在學習如何在陽光照暖下去理解它、包容它、寬恕它，同時也學習愛自己、理解自己、寬恕自己、包容自己。

我的光來自太陽光的延伸，太陽的光來自一個更大光的延伸。我們都是光源，我們能夠照亮自己，也能夠照亮他人。

沒有開始也沒有結束

藍猴波符第十一天，光譜的紅龍。

生命中有著許多的記憶，有著美好的記憶，也有著傷心的記憶。

生命像一列火車，不斷地往前進，快或慢，從不為任何人而停留。一站又一站，我們的生命經過了春夏秋冬。

我們生命途中有些人離開了，有些事情結束了，我們留下的是一個又一個的記憶。我們不能執著，永遠停留在原地看美麗的風景，陪伴自己心愛的人。終有一天我們也會是那個離開的人，留下許多的記憶給其他的人。

生命不斷地在進化，我們不斷地在變化，包括所有的萬事萬物，沒有一個是停止不動的，這是生命流動的法則。你要去理解，順從生命交托給你的流動，不能夠緊抓不放。

無論生命中的人事物以何種方式結束，該放手的時候你始終要放手，生命不會因為你的緊抓而停止流動。流動的生命像一條河流，沒有開始也沒有結束，復而循環。終點是起點，起點是終點。

蒸發上去的雨水會從山上回到大海的懷抱裏，沒有開始，也沒有結束。生命一直等待著你，等待著你去瞭解沒有分離，也沒有重聚。一切就在當中，在生命的源頭裏，我們始終是一體，從未分離過。

彼此以各種方式相互平衡

藍猴波符第十二天，水晶的白風。

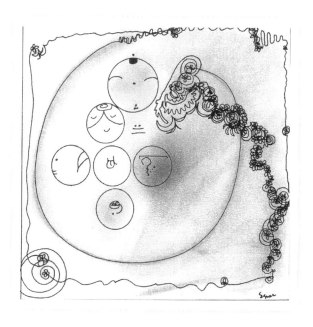

風吹動了樹梢，葉子翩翩起舞。我們生活在一個共振的世界，任何風吹草動我們都會翩翩起舞。

我們在這個世界編織我們的生活、我們的夢想，以及我們所要的一切。別人也在這個世界編織他們的生活、他們的夢想和他們所要的一切。甚至動物植物礦物，它們也在這個世界編織它們的世界。

這個世界原本就是共生共榮的。你有你的世界，我有我的世界，我們的世界卻又是相互交融、相互影響、相互疊加，形成一幅美麗和諧的生存方式。

只是我們不明白，人類不明白，這些交織重疊在一起的生物能量它們是如何的牽連著彼此。生態的不平衡影響的又何嘗只是一個物種，它是在影響著整個世界，甚至整個宇宙大千世界。

樹葉、樹枝、樹根本為一體，只是樹葉只是看到自己，無法看到一個大的整體，它以為它只是為自己而活，殊不知它來自一個更大的世界。

人類亦是如此。物種的滅亡，影響的並不是只是一個物種，它影響的是一個世界。我們總是以為自己是最重要的，殊不知生命在無限的重疊中包含了許多我們未知的因素，多重性和多元性。

生物相互在能量上交流，彼此以各種方式相互平衡，山河大地也是如此，一個的不平衡會導致另一個的不平衡。

我們在大千世界中扮演著彼此不可缺的角色。

美麗的夢只為美麗的甦醒

藍猴波符第十三天，宇宙的藍夜。

這是一個漫長的夜晚。

我們在夜晚中孕育著我們的夢想。我們都是夢想家，我們心中有著許多的夢想，我們想把這些夢想一一地顯化在人世間。

人世間也有許多的夢，我們受困在人世間的夢。我們總是以為人世間的夢是真實的，就好像我們在夜晚的夢，那麼真實，時而迷人，時而恐懼。

我們在人世間的夢中編織我們的夢，我們受困在夢中的夢，我們以為真實的一切其實是我們在人世間的一場夢。

我們在夢中追逐，我們在夢中奮鬥，我們在夢中掙扎，我們在夢中清醒。

沒有一場夢是不會醒的，我們會漸漸從夢中甦醒過來，我們會知道我們的夢是如何被編織的。

美麗的夢只為美麗的甦醒。

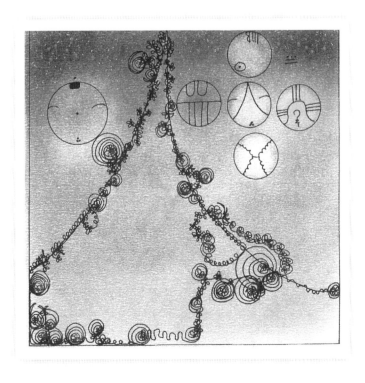

黃種子波符

---- KIN144 – KIN156 ----

在愛中看見自己

黃種子波符第一天，磁性的黃種子。

在愛中看見自己。

我們常常沒有在愛中看見自己。我們常常在哪裏看見自己？

我們常常在評判中看見自己，我們看見自己的某些行為不好，我們看見自己的某些身形不美麗，我們看見自己的動作笨拙。

我們沒有看見自己默默地在付出，自己默默地在成長，自己默默地在給予，自己默默地在成就自己及他人。

我們是一顆種子，我們在成長，我們在茁壯，我們在平衡著自己，總想讓自己長得更好。但是，我們沒有給予自己需要的養分，我們沒有給予自己足夠的陽光和水分。

我們總是以為別人都是最好的，我們在別人身上抓取，我們在評判、羨慕，甚至我們在嫉妒。甚至我們把目光投向別人的高處，我們敬仰別人、崇拜別人。我們把自己的能量往外送，也往內消耗。我們沒有在愛中滋養自己。

我們是一顆種子，我們需要陽光、水分、土壤讓自己成長。

我們要在愛中看見自己。

Kin145

你我是一體

黃種子波符第二天，月亮的紅蛇。

風吹動了雲，我吹動了你的心。

我在天的一角，我拿起了號角，我吹動了號角。我在雲的一端，默默地注視。我看見山河大地，我看見芸芸眾生。

我在天的一角呼喚正在沉睡的自己。

我是另一個你。我來自天上，我在你的身上種下了一顆種子，種子裏有我的訊息，我成長的訊息，我讓自己的精華都種在種子裏，它帶著我的成長訊息、我的生命藍圖。

我的成長需要你的覺醒，我的生命是你我共同的攜手。我在天的一方，以能量的連接和你相通。

我們要活出自己，穿越小我，擁抱大我，共同前進。

你我是一體。

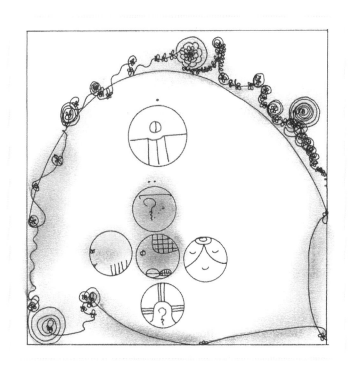

Kin146

豐富的生命河流

黃種子波符第三天，電力的白世界橋。

我們是天地的一座橋。我們的頭朝向了天，我們的腳踩在大地上，我們形成了一座橋，一座能夠連接天地的大橋。我們能夠接收，我們也能夠釋放天地的能量。

萬物成長於大地，萬物滋養於天空。山河大地有其流動的方式，我們體內也有生命流動的方式，我們跟著天地一起流動，我們並不是單獨地生存在天地間，我們有著萬事萬物的流動。

我們和萬事萬物為一體，也有著自己的成長節奏。

當我們的生命在這一座天地大橋流動，我們會彙聚吸引所有生命在這裏的流動，所有的機緣都會流經這裏。我們的生命會選擇跟當下適當的機緣流動共振。

這些共振形成了我們生命之河的流轉。不同的生態物種出現在我們生命的河流中，形成我們生命種種的狀態。

你要去看見你生命出現了什麼？這來自你生命中的共振。有什麼東西出現在你的這座生命大橋上，它帶來了什麼共振，它啟動了什麼？

我們的生命在共振中種下了一顆又一顆的生命種子，這些生命種子又一顆又一顆地與它們屬性相同的東西共振，在你的生命形成了一條豐富的生命河流。

生命總會流動到它該去的地方

黃種子波符第四天，自我存在的藍手。

生命總會流動到它該去的地方。

我們總是執著，希望生命依照我們想要的方式進行。但是，我們並不知道生命是一個龐大的系統，它並不是只有你在參與，它還有更大的生命體在參與。

你只是一個部分，你完成你的部分，大生命完成它的部分，大宇宙也在完成它的部分。

你只需要覺知，清晰地生活，知道生命的一切運作。你只要活出自己生命的本質，其餘的大生命會為你完成，大宇宙會為你安排。

這是一個複雜的網路系統，宇宙有它的生命體，一切在它的網路生命體中完成。我們只是需要隨順著我們自己的生命河流，流到我們該去的地方，完成我們該完成的部分。

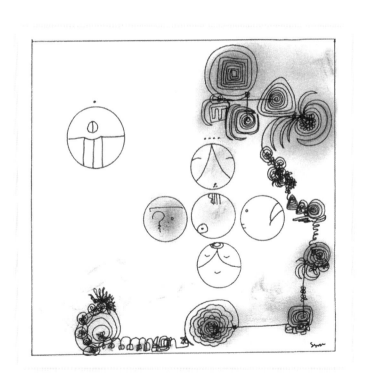

釋放自己的美麗

黃種子波符第五天，超頻的黃星星

生命在美麗中成長。

在每一個當下，我們只需把自己融合在生命美麗的當中，展現我們的光芒，活出內在的和諧。

我們的光隱藏在生命的深處，你可能還看不見它的美麗。那是因為你還在發展自己生命中的每一個當下的每一個可能性。

你要知道，生命隱藏著許多光芒，你要在每一個當下把它們釋放出來。就像一顆種子，不斷地在吸收能量，也不斷地在釋放能量，讓自己成長，然後釋放每一份的枝葉，到最後開花結果。而在同時，它也把枯萎的部分放下，讓它們成為自己的養分，讓過去滋養自己而不是遮蔽自己。

你要看見自己就是這麼一顆美麗的種子，你在慢慢地綻放，釋放自己的美麗。

你會留下你的美麗

黃種子波符第六天，韻律的紅月。

冬天的雪飄下了。天空中飄下了許多的雪花，整個天空彌漫著雪花。

你看見的是白茫茫的一片，白色的雪花飄呀飄，有誰看見裏面的結晶花，看似一樣的雪花裏面卻有著千千萬萬億個不同的結晶花體。

我們的身體裏面有千千萬萬億個細胞，組成了外在看見的我們。可是，又有誰真正看見你自己是誰？你由千萬億個細胞組成，你由千萬億個生命體組成。

每個生命體在你的細胞裏每一個當下結成不同的結晶花；有美麗的，也有不美麗的，它們跟隨著你的意念成形。在你的意念一起一落的那個當下，千萬億個雪花飄落下來。

你感受到了冷暖，你感受到了開心失望，悲傷喜悅各種情感。這些情感結成了水晶花，在你的體內的水分子裏，你看不見它們，它們卻在飄呀飄。

在生命的河流我們經歷了許多漂浮，也體驗了人世間的冷暖，我們要知道這些體驗最終要帶給我們的是成長，在全息中活出美麗的自己。你有著許多的可能性，你有著許多的潛能。你要跟隨你生命的流動，把全息的自己激活，長成你應有的樣子。

你的大生命總是在引領著你。你要看見自己並不只是一片片的雪花，從空中飄落在雪地去無蹤。你會留下你的痕跡，你會留下你的美麗，在人世間匯成一幅幅美麗的畫。

你會在你的生命記憶中留下許多的記憶，這些記憶是一顆又一顆的種子，帶領你前往生命更大的臨界點，擴展你生命無限的可能。

這是成長的一部分

黃種子波符第七天，共振的白狗。

我們生命全息的種子裏包含了愛。

我們來自愛，我們來自光。我們從光中降低了我們的密度，來到了物質世界。我們生長在地球媽媽的國度。

我們忘記了我們來自愛，我們來自光。但這一切都在我們全息的種子裏，全息的 DNA 裏。裏面有一個更高的自己，他從未忘記，他一直都知道。

縱使我們現在沒有活出自己的愛與光，但我們仍然與愛與光緊密相連。我們想去愛別人，我們想要愛自己，但我們卻與不愛別人、不愛自己的那個我共振了。

我們自私、我們自利、我們要求、我們期待、我們評判、我們否定，對別人亦是，對自己也是。我們沒有看見自己是無盡的愛與光，我們無法活出純粹的愛與光。

這是我們在進化中體驗的一個部分。我們是一顆成長的大樹，我們會經歷天災人害，腐蝕著我們的根、我們的枝葉，我們會經歷狂風暴雨，但我們也會體驗陽光溫暖，土地滋養。

這是成長的一部分，是我們所要去經歷和體驗的。它在考驗我們、評估我們，在種種的困境和順境中是否仍然能夠活出我們的愛與光，共振宇宙大自然的愛與光。

一切的發生不是隨機的

黃種子波符第八天，銀河星系的藍猴。

生命中有一些人事物是我們難以放下、難以釋懷的。這些影像如一卷電影底片不斷地在腦海中浮現與重播。

沒有人生命中沒有遺憾，沒有人生命中是完美無缺的。我們要學習如何去看待生命中所發生的一切。一切的發生不是隨機的，它必定在前面已經播種下了種子，來到我們面前的時候是收割種子，種子長大了，結果了，我們嘗到了果子。

這是一個生命的循環，你從這裏走到了另一邊，從另一邊又回到了這裏。這是一個無形的圈拉動著你來來回回，除非你改變了方向，否則你還是會不自覺的回到原點，去收割你在原點種下的種子。

你無法拔掉心中的遺憾，你無法像擦筆一樣把它擦掉。你要去體會遺憾背後帶給你的學習是什麼，你要在學習體驗背後的意義中去穿越它，把它融為你智慧的一部分。

你不要再回到原點，你要從原點跳躍到更高的路途。遺憾是你的墊腳石，讓你看清這一切的捆綁來自一個幻象，這個幻象模糊了你的視野，讓你無數次回到原地，體驗幻象帶來的遺憾。

如果你看清了，你會知道誰在攪動你的底片，讓你一直留在原地。

你要穿越的是你自己。

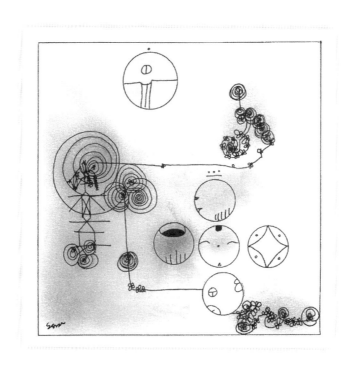

愛與慈悲會帶領你走向更長遠的旅程

黃種子波符第九天，太陽的黃人。

　　我們心中有著許多的悲傷。我們把它扭曲壓縮藏在了心裏。這些悲傷彌漫在我們心裏的空間，揮之不去。它們會一直待在裏面，無論你表面多麼地開心，它始終會牽引著你。它會帶動著你。

　　你的怨恨嗔心被攪動著，你無法徹底地放手、原諒，包括你自己，因為你內在有著傷痛，它還未痊癒。心中有傷痛的人會遇到心中有傷痛的人，他們彼此會上演一齣戲，在戲中彼此勾起彼此的傷痛，在戲中引發彼此的嗔心，為的是要被看見與釋放。

　　我們走在生命的旅程中，人生的旅程有無數的道路。我們常常面臨抉擇，我們要保留傷痛還是我們要釋放傷痛，回歸內在的自由。這全看你站在了哪一個位子。你站在了小我的位子，還是你站在高我的位子。

　　當你的能量級別還停留在小我主導的位子，你會以自己的安全利益為考量。當你的能量級別達到高我的位子，你會在更高的視野和更寬闊的胸襟運作，你會更加容易地放手和愛自己以及對自己的慈悲。

　　這份愛與慈悲會帶領你走向更長遠的旅程。

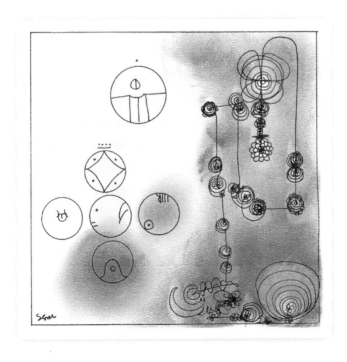

卸下不再服務於我們的

黃種子波符第十天，行星的紅天行者。

我們像一個背包旅客。

我們背負著我們的過去到處去旅行，每到一站我們會卸下不屬於我們的。我們背負很多不應該在我們的肩膀上的，我們只是一個旅客，我們是來欣賞風景的，我們是來顯化自己的潛能的。

我們並不是一邊看風景一邊執著風景的美麗與否。我們是來看風景，一邊看風景一邊卸下不再服務於我們的累贅，我們要留著上一幅風景的美麗，卻又要卸下對上一個景點的執著。

我們要瀟灑地走一回，在每個景點留下美好的回憶，卻又不執著它該永遠留存。我們走完一站又一站，為的是穿越這一站又一站的執著。

當你能夠卸下包袱，你拿起的是智慧、成長的智慧。你放下了包袱，瀟灑走過一段美好的旅程，帶走的是你成長與顯化的資糧。

臣服於生命的發生

黃種子波符第十一天，光譜的白巫師。

臣服於生命的發生。

即使你心中有恨，你不要讓恨意遮蓋了你的眼睛，蒙蔽了你的心。你可以嗔恨，你可以否定，你可以評判。但你要知道你當下的所在處，你要覺察你當下的心在哪裏？

你被愛牽著走了，你被恨牽著走了，你在愛恨中離開你的心，你沒有在你的當下。你唯有在當下去感受，你才知道你的愛與恨在帶給你什麼？

你不是聖人，你可以有你錯綜複雜的情感感受，你可以去恨，你可以去評判，你可以去否定，無論是別人或者自己。但你唯一要做到的就是清清楚楚地知道和覺察，你的心是在哪一個當下。你當下對誰的愛，你當下對誰的恨，你當下對每一個人事物的感受，這些感受把你帶到了愛與恨，這些感受讓你迷失、痛苦、嗔恨。

你要去放下你對自己的執著，它在一寸一寸的腐蝕著你的心。你要放下的是你對自己的抓緊，你對自己的束縛，你被關在一個籠子裏了。你走不出這個範圍。你要慢慢地把自己的範圍擴大，到最後釋放你自己。

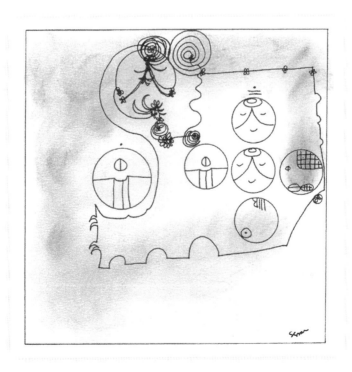

升起更大的慈悲

黃種子波符第十二天，水晶的藍鷹。

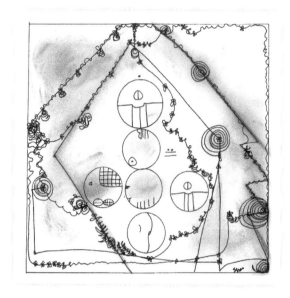

你還記得你小的時候還不會走路，你如何學會踏出了第一步？

你慢慢地成長，在開始的時候你什麼都不會。後來，你慢慢地掌握了許多的技巧，你學會了許多的事情，包括人世間的人情世故。

每個人都是這樣的成長，有其規律和秩序。有些人成長得快，有些人成長得慢。有些人在艱難中成長，有些人在快樂中成長。生命給予我們的東西不一樣。但生命中的每一個成長都是一個恩典，都是一個慈悲。

我們往往看似不慈悲的東西其實它是另一個方式的慈悲，它讓生命在不同的體驗中成長，它讓我們在不同的體驗中完成與自己的合作。

我們在牽著自己的手，我們在跟自己合作，我們也在跟別人合作。我們在合作中成長和體驗。生命中有一雙看不見的手，它也在牽引著我們，在更大世界格局中成長和穿越。

在成長中很多東西我們不明白，我們總在尋求答案，我們總想知道是誰在牽引著我們的手，把我們帶到目前的一個狀況，把我們牽引到未來的狀況。我們不斷地探索，直到有一天我們終於看見生命的網路，相互交織，相互牽引。

這時我們才能升起更大的慈悲，感恩生命中的所有發生，感恩所有的體驗，造就了更大的自己，在更大更廣闊的天空中自由翱翔。

Kin156

跟自己和平相處

黃種子波符第十三天，宇宙的黃戰士。

人生無常，生命中有很多變數。

我們無法掌控所有的變數。我們只能夠隨順生命的變數去創造我們的人生。我們是一個歷經百戰的戰士，我們經歷了無數的生命戰場，歷練出我們心的耐力與韌性，我們可以隨著生命的轉變而應戰。

生命的確如此，變化多端，隨即轉變。我們知道，生命只是一場自己跟自己的遊戲，很多時候我們戰鬥的其實是我們自己。

我們不信任的其實是我們自己，我們不愛的其實是我們自己。但偏偏我們質疑的是別人，我們不信任的是別人，我們不愛的是別人。

當你能夠漸漸地認清這個生命實相，你會發現你能夠漸漸地學習信任自己、關愛自己、欣賞自己。我們不再跟自己鬥爭。

我們跟自己和平相處。

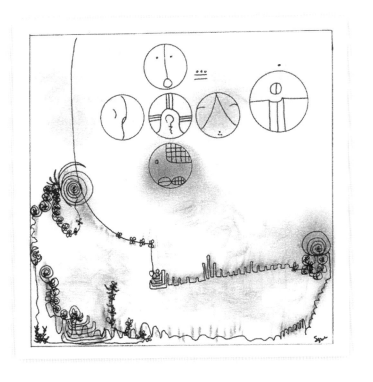

紅地球波符

—— KIN157 – KIN169 ——

我們跟地球媽媽是一體的

紅地球波符第一天，磁性的紅地球。

我們生存在地球媽媽的世界裏，我們跟地球媽媽是一體的。我們是一個複雜的有機體，你永遠無法用你的肉眼去看見你跟地球媽媽有多麼地密切。

你的生存有賴於天地的給予與滋養，你的生命啟動於天地的結合，你在天地中成長，你在天地中提升，你在天地中活出你自己。

你站在大地的土地上，吸收著大地的滋養、天地的精華，你的生命得以成長。

你在身體的這個殿堂上完成你所要完成的。你是天地的孩子，你能夠把天地的滋潤、和諧顯化在人世間，你可以把萬事萬物具備的各種潛能發揮在你生命的創造中。

你在創造中顯化天跟地的美德，你在活出自己生命當中的潛能中表達了天地宇宙大自然的美麗。

我們在創造和顯化生命中的故事

紅地球波符第二天，月亮的白鏡。

　　你在天的一端，我在地的一角，我們在創造和顯化生命中的許多故事。這是一個關於天和地的故事，天上有的，地上也有；地上有的，天上也有。我們是天地故事的創造者。

　　我們的生命一直在投射，投射來自天上的，投射來自地上的。我們是一個管道，來自天地的管道。

　　當我們還未活出自己的時候，我們投射的是虛假自己的投射與反射，來自我們內在尚未被清理的許多創傷與記憶。它們被投射與反射出來，成為我們生命中的故事。

　　當我們活出自己，我們投射出來的是天與地的故事，天地通過我們投射與反射出它們創造與顯化的故事。我們在真實自己帶領下，活出自己生命的本質、天地的本質。

　　生命中美麗的故事來自你我的相遇，你我在天地間的相遇，你我在天地間成為一體的相遇。

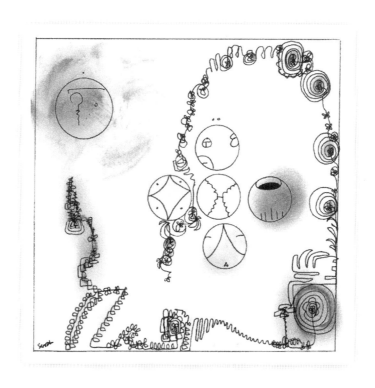

你是否想要改變

紅地球波符第三天，電力的藍風暴。

風吹散了雲。

我們有許多瑣事在心頭，我們總是盼望著這些惱人的瑣事能像風吹雲一樣，把它們從我們的心頭吹散，讓我們回復平靜。

我們有著自己的系統，我們自己的運轉規律。我們的身體是一個系統，它有著許多的代碼，這些代碼依照一定的規律運轉。

我們要卸下鎖在心頭的事，我們要扭轉這些能量的流動，像推著一個石磨一樣，我們需要去轉動它。當它轉動到一定程度的時候，它會自然地運作，不停地在轉動，把你內在煩人的事攪動送走。

你要有覺知你在被什麼事煩著，你希望它以怎樣的形式存在著。你必須要有一個意圖和方向，知道你想往哪個方向轉動。

你要有決心，你要有毅力，你要知道這個啟動在於你。

你是否想要改變？

我們是一切的存在

紅地球波符第四天,自我存在的黃太陽。

太陽的光照在了海面上,泛起了粼粼的光波。

海擁有廣大的胸懷,它能夠容納一切的事物。所有你認為好的、不好的、美麗的、不美麗的,對它來說,沒有分別。因為它的心夠大,所有的東西只是它心中的一個很小的部分,卻又是組成萬事萬物的部分。

我們的心容納不了太大的事物,因為每一件事物都占據了我們的心一個很大的部分,它在很大的層面上影響著我們。那顆沙子就在我們的眼睛裏,不舒服,我們看著它,很大顆的一粒沙子,只因為它放到了我們的眼前,我們無法放掉它,也不願意放掉它。

一顆沙子在整個沙灘不算什麼,只因為整個大地擁有廣大的胸懷,它能夠包含一切。我們如同沙子般的存在,我們總是看不見一個整體的自己。

我們是大海,我們是大地,我們是一切的存在,我們以自己的方式在天地之間存在著。當我們是一顆心懷慈悲的太陽,我們會看見,我們是一切的一切。

不要把自己局限在別人的世界裏

紅地球波符第五天，超頻的紅龍。

我們每一天、每一時、每一刻都會連接到很多的訊息。生命中有很多的訊息要告訴我們，這些訊息來自生命的連接。

我們想活出自己，但是我們卻又被許多的事物和信念蒙蔽著，我們看不清，我們活在一個夢幻故事的世界裏。我們以為那是真實的，其實那是一個由許多信念系統投射的一個世界。

我們活在自己信念投射的一個世界裏，我們沒有真實地去感受到內在真實的情感和感受。我們總是為外在一切牽引著，牽引著我們去感受外在的世界，以為這外在世界的牽引就是我們應該感受的，把很多別人的投射當做自己的。

其實你知道真實的自己是誰嗎？你只能夠從瞭解自己真實的感受和情緒去開始瞭解。你來自一個更大的世界，你來自一個更大的自己，你擁有著更大的潛能，你能夠做的事情更多。

不要把自己局限在別人的世界裏。

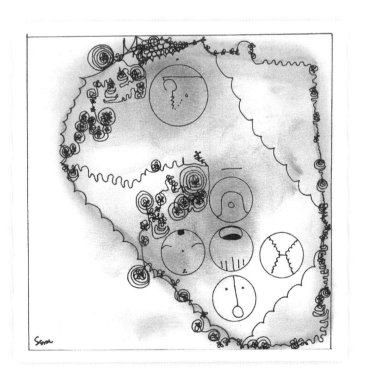

不要浪費你每一次的流動

紅地球波符第六天，韻律的白風。

我們生存在一個流動的世界裏。

我們的生命是流動的，我們的生命總是從一個地方流動到另一個地方。我們要感受這些生命的流動，生命的流動隱藏著許多的訊息。這些訊息十分重要，它們是讓你活出生命本質的關鍵，你要學會解讀這些訊息。

生命中有許多共時的發生，我們總是以為怎麼會有那麼多的巧合、那麼多的偶然，其實生命的流動在一個大的宇宙網路裏，網路裏有許多每個人事物相互相通和連接，牽一髮而動全身。

當你一個念頭升起了，這個網路會動一下，它會往你這個念頭升起的方向和強度去牽動，引起漣漪，在另一端相連接的人事物也會被牽動，然後這個相關的部分就動了起來。你的生命也往這個面向流動了起來，你會流動到你該流動的地方去。

生命的方向在我們的流動中搖擺著，你將往哪裏去？你要為自己導航，你知道生命的短暫，你知道生命的無常。

不要浪費你每一次的流動。

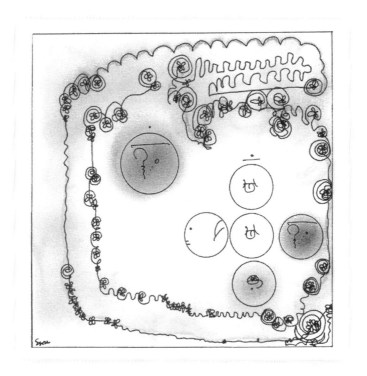

你要把它們活出來

紅地球波符第七天，共振的藍夜。

生命豐富多彩。

地球是一個很特別的地方，物種多樣化，動植物礦物富饒。它標示著生命的多樣化，豐盛與富饒。

我們跟大地是一體的，大地跟宇宙是一體的。我們生長在地上，我們不斷地往上伸展，我們的生命在成長。我們扎根於大地，我們成長於天地，天地賦予生命的富饒與多樣化。

我們是一個豐盛的個體，擁有無限的潛能，我們擁有多彩的思緒，擁有無窮的創造力。

我們是眾多花草植物中的其中一個，美麗而獨特。我們可能是一朵玫瑰，可能是一株小草，可能是一棵大樹，我們也可能是一顆種子。

我們可以扮演著許多的角色，但請別忘了我們內在的豐富、內在的潛能、內在的美麗。

你要把它們活出來。

你的陽光在什麼地方

紅地球波符第八天，銀河星系的黃種子。

我們總是在埋怨天、埋怨地，埋怨天給了什麼你不喜歡的，埋怨地不給你什麼你期待的，不然就是埋怨人、埋怨事、埋怨物。

我們好像一整天都在埋怨，有些埋怨是粗糙的，非常容易看得見；有些埋怨是精細的，默默地出現在心裏，連你也不知道。

我們像一顆種子，總是默默地在成長，有些人成長得快，有些人成長得慢。有些人可以從埋怨中成長，有些人停滯在埋怨中。

成長是一種責任，我們默默地背負許多的責任，對於自己的，也有對於別人的。

停下來，看見你不滿意的是什麼，那是你成長最快的地方。你要像一隻老鷹飛在空中，把四方八維都看得一清二楚，你不滿意的是什麼？你抱怨的是什麼？你評判的是什麼？

這些都是很好的肥料，你成長的肥料。它幫助你看清自己，它幫助你看清自己想要什麼、抗拒什麼，看清你要長成什麼樣子，而你卻往哪個方向長。

你的陽光在什麼地方，你在往陽光的地方成長，還是你在背光而萎縮。

這是非常有趣的，好好地看一下，自己常常評判和埋怨的是什麼，它們都在幫助你尋找你成長的方向。

你是跨欄選手

紅地球波符第九天，太陽的紅蛇。

生命中有很多的磨練和體驗，一次又一次，好像生命中有種種的欄架，你是跨欄選手，總要一關又一關地跨過。

這些都不簡單，考驗著你的意志力和生命力，還有你的胸懷，你是否能夠承受如此一個又一個的考驗，然後一個又一個的臣服與放下。

伴隨著你的臣服與放下，你成長的是生命的智慧與韌性，你收穫的是生命的力量，你激發的是生命的潛能。

你一次又一次的跨越生命的欄架，你一次又一次的增長生命的智慧，活出自己的潛能，收穫了完成事物的力量。

沒有人天生為跨欄選手，它是經過一波又一波的實體經驗、實際體驗、實際成長而成為睿智的跨欄高手。

你能夠輕鬆自在地活出自己生命中翻天覆地的力量，來自你生命中反覆地磨練與成長。

萬物交替成長

紅地球波符第十天，行星的白世界橋。

萬物的自然死亡是一種強大的力量。它是一種導航，把生命導航到一個新的方向，讓生命能夠以不同的形式繼續前行進化。

很多人害怕死亡，恐懼死亡，因為他們壓根兒不瞭解死亡，死亡並不是你所想像的。春天到了，萬物生長；冬天到了，萬物休眠，小草從地上消失了，樹木被冬雪覆蓋了。萬物處於一種休眠積蓄待發的狀態。

萬物交替成長，這是一種自然的規律。當生命的能量耗盡，它需要以另一種方式重生。它並沒有消失，只是能量轉換，以另一種方式繼續前進。

冬去春再來，萬物復醒，生命以另一種方式顯化，能量以另一種方式存在。

如果你看得懂，你會知道，所有的一切沒有消失，它們都只是能量上的轉換，讓生命得以前進與導航進化。

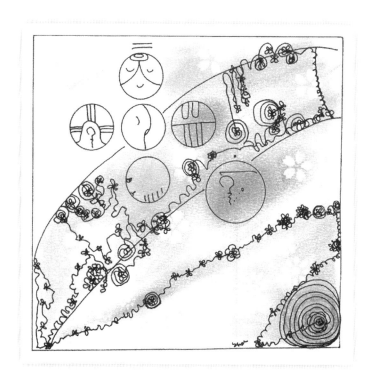

我們需要停下來

紅地球波符第十一天，光譜的藍手。

生命不是一直往前衝。

有時候，我們需要停下來，看看身邊的風景，欣賞天上的一抹白雲。我們走了很長的旅程，每一站我們需要休息，為自己充電。

有時候，我們會忘了停下來，像個忙碌的地球，不停地轉，不分日夜勞作；思緒也好、體力也好、頭腦也好，沒有片刻停息。

這會耗盡生命的能量，我們需要靜下來，回到自己的內在，審視自己在忙碌什麼。你是否在緊抓生命的執著，你是否在追求不再屬於自己需要的東西。

你要的是什麼？你要去探索，你要去冥想，你要去沉澱。

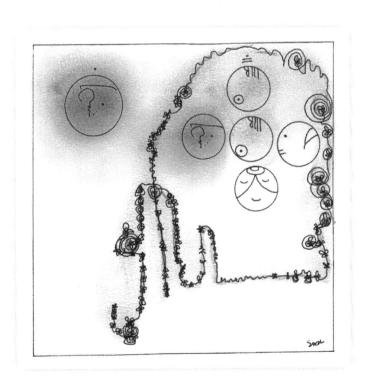

無所不在的美麗

紅地球波符第十二天，水晶的黃星星。

無所不在的美麗。

你生命的旅程有著許多的美麗。它們部署在你生活中的每一個角落，它們存放在你生命中的每一個段落。你所要做的就是在你的生活中、在你的生命中，把它們一一地找出來，就像尋寶遊戲一樣。

當有一天，你已經熟練，不需要再尋找了，它們會自然地出現在你的眼前。這並不是從天而降的，這是因為你已經熟悉了這個系統的運作，不再被裏面的機關迷惑得團團轉。

你已經生成了自己的水晶體，你的水晶體投射出無限的光芒，照亮每一個部分，你看見了每一個部分隱藏的美麗。

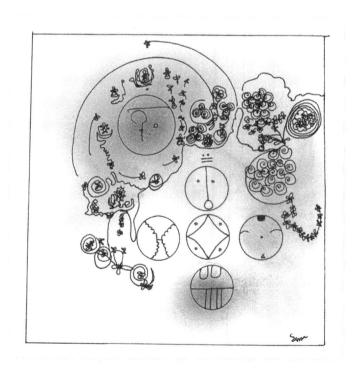

我們成為了自己的太陽

紅地球波符第十三天，宇宙的紅月。

　　當太陽升到了上空正中央，你知道中午的時間到了。中午是陽光最炙熱的時刻，是大地獲得最多光與熱的時刻。

　　我們的身體正中央有一個部位，它是我們炙熱的陽光，提供給我們最多的光與熱，它跟中午的陽光相對應。

　　我們的中心是我們啟動的地方，是帶給我們許多光與熱的部位。生命的穿越打通了這個正中央，連接了天地。我們與天地連成了一線。

　　我們成為了自己的太陽。

白狗波符

—— KIN170 – KIN182 ——

愛有它的秩序和規律

白狗波符第一天，磁性的白狗。

很多時候，我們以為自己是完美的，以為我們的行為方式是完美的。我們會有一套標準，達到這個標準就是對的，就是好的，就是美的。別人也一樣。他們也有自己的標準，別人能夠達到的就是好的、對的、美的。

於是兩個自認完美的人碰撞在一起，發展了許多不完美的故事，因為每個人的完美標準不一樣。

這是非常細微的，雖然我們也會評判自己，不滿意自己，但是我們卻總是認為自己的那一套是最正確的。這引申了許多愛的課題，我們以為別人不夠愛我們，別人以為我們不夠愛他們。

其實是大家都活在自己有條件的愛。我們活在一個幻象的世界裏，看不見真實，自己亦是，別人亦是。大家困在幻象中的矩陣裏，沒有流動出真實的自己。

當你能夠用自己的心去感受他人的心，你會更清楚，流動的愛沒有標準，它會跟隨因緣的流動完成它的流動。在流動中活出彼此的本質，這才是真實無礙，無條件地接納與相融。

在這樣的流動中你才能夠體會愛中有它的秩序和規律。

我們需要的是什麼

白狗波符第二天，月亮的藍猴。

　　我們有很多的欲望，一早起來我們就開始服務於追求我們的欲望。生命中有大大小小的欲望，我們每天都在追逐著這些欲望。

　　這也是生命的一些體驗。有些人會在欲望的追逐中體驗一些大的課題，有些人終其一生在瑣瑣碎碎的欲望中體驗。

　　這些欲望都是我們需要的嗎？

　　我們需要的是什麼？很多時候我們需要的是愛。我們想從各種大大小小的欲望中獲得我們所期待的愛與關注和肯定。它像一個坑，你永遠在填補，而它永遠無法獲得滿足，一個又一個。它是你心中的坑，它在你的心中誘引著你去追求那永遠無法填補的欲望。

　　這個坑是你生命中的工具，它在幫助你看破生命中的種種幻象。它誘惑你進去，而你沉浸無法自拔，然後又一棒打醒你，讓你抉擇，好升起你的智慧，看見自己陷入在自己的愚昧中，並從中回到自己清淨無為的內在之光。

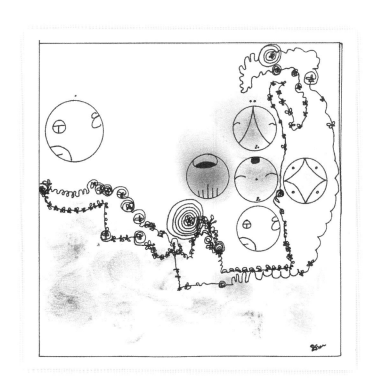

誰在引領你

白狗波符第三天,電力的黃人。

我們常常會去做裁判:我是對的,你是錯的,他是好的,你是壞的。

到底是誰在做判斷和決定呢?是你的大腦,是你的大腦根據它裏面的電路訊息和以往的記憶做裁判。

沒有人或事物是絕對的好壞,他們是相對的好壞,沒有人知道他們背後的真正能量故事,我們只是依照我們對事物的認知,對照我們內在記憶的判斷去做決定與決策。

我們的愛是有條件的,你要原諒自己無法在幻象中做出真正公正的抉擇,你總是會有偏差,因為你不是完人。

你有著自己要學習的課題,遺忘了真正自己的記憶,你要學習去包容和接納自己,正如你也在學習接納和包容他人。你要啟動你的記憶,憶起你的旅程,憶起你正在學習進化的旅程。你在這個旅程中學習如何去愛自己,學習如何去接納自己的不完美。而與此同時,你也在延伸這一份愛給予更多的人。

你並不是孤單地行走在自己的旅程。其他人也一樣,他們也在學習,學習愛的課題。你們是學習的夥伴,你曾經與很多人平行地行走在愛的學習的旅程裏。

有些人畢業了,有些人進步了,有些人受困在旅程了,也有些人墮落了。

生命中總會有許多要體驗的事情。你要知道,我們都在試著完成自己的事情。這一個體驗卻又是一個互相學習和牽手的過程。

我們要去啟動心裏的愛,首先你要看見誰在為你做決定、誰在左右你、誰在影響你、誰在引領你。

他是誰?

跟每個當下過去的自己告別

自狗波符第四天，自我存在的紅天行者。

愛自己就是跟每個當下過去的自己告別。

在每一個當下，我們都有一個新的自己，只是這個新的自己很多時候還緊抓著過去的自己不放，無法活出自己新的面向。

我們留戀、我們執著、我們恐懼，我們緊抓著過去的自己不肯放下，即使每一時每一刻我們都有新的可能性的自己。

愛自己，跟過去的自己道別。無論過去你有多麼地輝煌，無論過去你有多麼地糟糕，你都要跟這樣的自己道別。他們都是一層層的包袱，一層層地在捆綁著你，讓你活在過去的榮耀，沉浸在過去的輝煌，回不了當下的真實和臨在。

同樣地無論你過去有多　得不好，你有多麼地不堪與顛倒，你也要把他們放下，他們讓你無法臣服接納，懊悔自責與自憐。你要把他們通通都放下，走向自己新的旅程，向過去的自己道別，向當下的自己問好，向未來的自己探望。

這是你愛自己的方式，永遠不要把自己留在過去，回不了頭。當下的你已經是新的自己，你可以走任何你想要的道路。

我們在終點，也在原點

白狗波符第五天，超頻的白巫師。

在我們漫長的靈魂旅程中，我們體驗了很深很深的痛，在我們生命的體驗和穿越中，我們歷經了滄桑，走過生命中每一段的旅程，埋下了深層的悲傷種子。

我們走過時間隧道，一一地把它們釋放出來。我們的心底裏有著許多創傷，生命在創傷中攪動著，我們無法釋懷，我們無法原諒，我們無法臣服，我們無法放下與寬恕。

這是前世埋下的種子，在時間流動和旋轉中出現了。種子裏還有更深的種子，來自遠古，你無法意識到的年代。生命未曾流失，它一直以不同的形式在流轉，在我們的基因裏，它儲存了許多累世的記憶。

我們在愛中尋找我們的力量，我們不曾失去什麼，在時間的長河中，我們一直留守原來的自己，我們一直在無時間的虛空中連接一線的自己。

我們的痛來自原始的分離，我們一直在感受它，直到我們明白愛永遠在我們的心中，從未分離過。

我們在終點，也在原點。

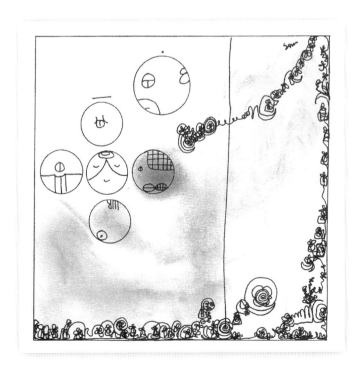

愛需要平衡

白狗波符第六天，韻律的藍鷹。

愛需要平衡。

生命也是一個大電路，裏面有著許多小電路分支，它們需要往來復還，它們是一個循環，有來有去。愛也是一樣，有來有去生命才會平衡。

你能夠給予，你也能夠接受，這是平衡的電路、平衡的愛。這種電路才是打通的，電力才能行走，陰陽才能產生。萬物交匯，生命才能放光。

愛也是一樣，我們不能單方面的一廂情願，不斷地付出、不斷地渴望、不斷地期待。它只是往一個方向行走，永遠無法點燃，徒費力氣。

當它無法形成迴路的時候，我們只有更多的抱怨、指責和沮喪。你要看見這個迴路在你的身上，它不在別人的身上。你不斷地給予因為你的迴路沒有連接，你渴望在外在獲得迴路。

但一切徒然，你只有接通自己的迴路，對自己有來有往，你才能夠真正地平衡自己的愛，你才能夠平衡你對外在的愛。

愛是一種慈悲，它不是無休止的給予，它是無休止的創造，在你的迴路中創造，在你的迴路中完成，在你的迴路中再擴散。

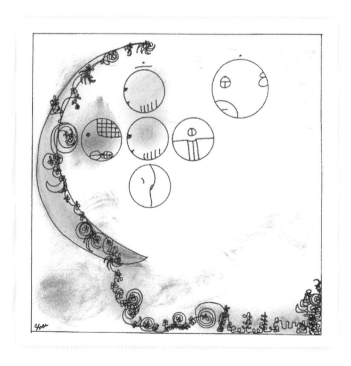

愛需要勇氣

白狗波符第七天，共振的黃戰士。

愛需要勇氣，它不是一件簡單的事情。

你要有勇氣面對它，因為愛可能會讓你受傷，愛可能會讓你失望，愛可能會讓你心碎，你要有勇氣面對在體驗愛中的種種困難與挫折。

當然，愛也可以很美麗。你要知道生命中的美麗，來自你穿越了對愛的執著和對愛的的期待及對失去愛的恐懼。這才能達到真正的美麗與和諧。

當你的心中不再有畏懼，你才能夠在愛中和諧，你不再為了體驗與穿越而受傷，你活出的是愛的慈悲。你才能夠勇者無懼，你不再依賴任何人給你愛與肯定。

你的心中有一把火，它能夠自己熊熊燃燒，把不服務於你的燃燒殆盡，把你想要的照亮。

生命在愛中延續。

你最初的愛在哪裏

白狗波符第八天，銀河星系的紅地球。

你最初的愛在哪裏？

你第一次感受到愛，在這個世界裏。你誕生了，從無名的虛空出現了一點光，你在這一點光中誕生了，你來到了這個世界。以各種形態與能量的方式，你體驗了無始的生命輪迴。

當你的生命落地，你就在愛的世界裏。這個世界滋養你、孕育著你，無私給予你各種生命的資源。

你在大地的滋養中成形，你在天的呵護下成長，天地給予你生命一切所需要的，無條件給予。

你只要跟隨大生命的指引，活出自己全息生命的本質，你就是愛的本身。你來自愛，你成長於愛，你活出愛。

你是愛的本身，你有著一切愛的指引。在進化的過程，你忘了自己是愛的那個部分，你體驗了不被愛，你體驗了不被看見，你體驗了不被理解，你體驗了一切與愛相反的課題。

你忘了自己的能力，你並不需要別人給你決定你是否可以被愛、你是否可以去愛。愛是你的本質，導航你的本質。

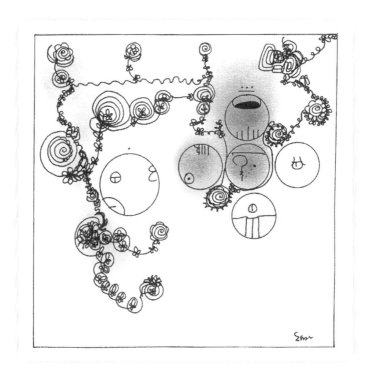

活出愛的真相

白狗波符第九天，太陽的白鏡。

活出愛的真相。

愛有許多面向，它可能並不如我們所期盼的面向而出現，我們要去理解它背後的意義與實相。

人世間的愛充滿了悲歡離合，我們以為那就是真實的愛，其實那是愛的多重面向。

每一個面向帶給我們不同的學習與體驗，你選擇了這些面向來學習和體驗。或許你不明白，為何它們是你的體驗，但是真實內在的自己是明白的。他知道這是為什麼，他知道這是你生命一個很大的穿越的點。

這個點是你生命旅程的一個站，穿越到更高生命的一個站。或許它並不是很美麗，或許它不在你的欣賞點，但它實在是你的穿越點。

你不要執著生命會以你期待的方式呈現，生命擁有它的智慧，它會以最適合你生命成長的方式出現與呈現。它有其規律與秩序，它會帶動一切流動到它們的崗位，完成生命的成長與發生。

你要順從生命帶給你的成長與智慧。

我們的心被轉動著

白狗波符第十天，行星的藍風暴。

我們的心被轉動著。

如果你留心，你會發現你的心是以一種螺旋能量的方式旋轉放射出去的。

你的心會觸及你外在的一切，它會帶來改變，當它觸及了另一個人的心，它會產生互動，人與人的互動。它會觸及你心底裏的感受，你會感受到這個人在能量上的變化。

如果你的心夠敏感，你會知道你觸及了他人的心，你也轉動了自己的心。心與心在交流，在精細能量的層面。

我們顯化了各種的可能性，在心與心互相碰撞的那一刻，很多愛的可能性被顯化了，我們產生了各種各樣的感受與情感。

我們的心是非常敏感的，如果它沒有被封閉，它能夠感受到各種情感的變化，它能夠在這些變化中去尋找相關的愛。它能夠從這些愛的感受中去變化出更多的愛。

這些愛是連綿不絕的，你會感受到來自四面八方天地和來自各種人事物帶來的慈愛與變化。

放下你對慈悲的執著

白狗波符第十一天，光譜的黃太陽。

放下你對慈悲的執著。

太陽統領著整個太陽系，它帶領著整個太陽系在進化。每個行星有自己的軌道，它們依循一定的規律在運行，所有的運作必須在一定的規律和法則上。

你的生命也是一樣，它同樣在依循一定的規律和法則在運作，你的肉眼看不見，你的靈魂體看得到。生命中所有的發生它是有跡可尋的，它並不是無故發生的。

放下你對慈悲的認知和執著。你錯失了一些東西，你失去了一些親愛的人，你做錯了某些事情，你沒有做對某些事情，這一些都能夠讓你深陷在抱怨、自責和評判，讓你失去對愛的信心，對慈悲感到失望。

但是，你不知道的是，這一切都依循著愛的軌跡進行。你的失敗、你的受挫、你的失望，這一切蘊含著更大的議程。

你是勇敢的靈魂，你有一顆更大的心，你可以容納這所有的不如意，你可以在這所有的不如意中去進化你的軌道，讓你能夠跳脫出人間愛的捆綁，活出大我愛的慈悲。

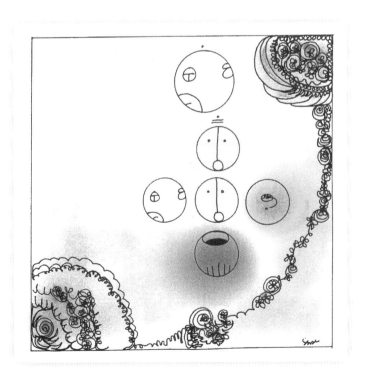

我們始終需要回去的

白狗波符第十二天，水晶的紅龍。

這個世界是短暫的，生命是無常和短暫的。

每一天醒來，我們不知道生命中什麼事情改變了。我們來到這個人世間，我們要知道這一世的生命不是永恆的，它隨時在產生變化。

我們來自永恆，生命的源頭來自永恆，生命的體驗卻是短暫的，它是一站又一站的體驗，一站又一站收穫生命中的許多智慧。

我們在永恆的基點上開展我們的生命旅程，歷經了生命的風景，開創了屬於我們的天地。我們在天地中翱翔，我們在自己的天地中飛舞，著墨於一幅美麗的畫。

我們把這一幅畫留在美麗的記憶中，我們帶走的是美麗的愛，我們留下的也是美麗的愛。

我們始終需要回去的。你在人世間創造了多少屬於你美麗的愛，那是你的雲彩，你踩著這些雲彩回去你的源頭，在源頭種下美麗的世界。

愛是自在地流動

白狗波符第十三天，宇宙的白風。

愛是自在地流動。

我們都在學習如何去愛和被愛。這是一個學習的過程，我們都在這個學習的過程中受過傷，然後從體驗中學會了如何能夠自由自在地去愛和接受愛。

愛可以很簡單，它可以純粹地流動，我們可以自由地流動它，我們可以輕易地感受得到一切都在愛的流動中，只是我們把它複雜化了，來自我們複雜的頭腦。

我們繞了很多的圈子，一圈又一圈，通過種種方式去體驗它，從不流動到流動，從無法自在到輕鬆自在。

我們花了很多的時間，猜忌、疑問、否定、抗拒、批判、懷疑、退縮，我們把愛推出門外，我們把愛據為己有，我們把愛當做自己的工具和條件。

我們害怕接受，我們不願意看見和接納愛。這些都是我們小我的把戲，讓你捲入一場又一場的劇場，上演一個又一個的愛恨情仇劇情。

我們從劇情中學習和體驗，重回到觀眾席，為自己喝彩，為自己鼓掌，然後輕鬆自在地走出劇場。

生命因此而流動到更大的舞臺。

藍夜波符

— KIN183 – KIN195 —

黑暗的另一面就是光明

藍夜波符第一天，磁性的藍夜。

許多人內在有著黑暗的一面，當然黑暗的另一面就是光明。

光明在黑暗中顯現，黎明前的黑暗在第一道曙光出現後，就是逐漸進入無限的光明。而光明到了頂點，又往夜晚的道路往去。這樣復而往返。

我們這一生會經歷無數的黑暗與光明、白天與夜晚，並不是每一個黑暗都是不堪的。

黑暗之後的黎明，黎明之後的夜晚，不會都是漆黑的，夜晚有星星、月亮和其他天空中的光。當你經歷了無數的黑夜，你越能夠看清天空裏隱藏的光。

當你能夠看見自己的光，你也能夠看清這個世界其實沒有黑夜，也沒有白天，沒有黑暗，也沒有光明，一切都是顯化，來自第四維度投影的顯化，陰陽運動的顯化。

我們活在自己的光中，去照亮內在黑暗的部分，去發掘自己內在隱藏的星星和月亮。

直覺會引領你

藍夜波符第二天，月亮的黃種子。

我們在生命的二元對立中種下了許多生命的種子。

我們有許多夢想，我們的生命中有許多我們想要去實現的藍圖。我們像一個天真的孩子，我們希望生命中有著許多的豐盛與美好。

可是當我們一天一天的長大，嘗到了生命的苦澀，我們無法回到孩子的童真去看待事情。我們開始陷入二元對立，以好壞對錯看待事情，以是非黑白評斷事物。

我們種下了許多二元對立的種子，包括我們的夢想，我們開始懷疑夢想的可行性和實際性。我們不想做白日夢，我們想實際地獲得一些東西。

我們努力地幹活，我們符合人世間的行為標準，我們以為這就是實際的成長過程。但是，我們心中還是有這麼一顆種子，追求你內在真實感受與聲音的種子，它會在適當的時候喚醒你的直覺。

你的直覺會引領你回到追尋自己真正夢想的旅程中。

你是天地的一個舞者

藍夜波符第三天，電力的紅蛇。

我們曾經有過那麼一段的日子，我們舞動自己的小身軀，在天地中盡情地歌舞。我們找到屬於我們自己的天地，在自己的天地中主導自己的一切，活出自己生命的熱情。

這段時間或許在你的夢中也曾經出現過，你啟動了你的生命力，活出自己精彩的生命旅程。你是天地的一個舞者，你能夠跳出自己獨特的舞蹈，你有自己生命的舞步，你是自己生命的主宰者。

你要啟動自己生命的這一個跳舞的主角，跳出自己的舞步，跳出自己生命的熱情，開展你追求生命旅程的開始。

每一個開始都是一個舞步，由你自己跳起，其他一切會跟著起舞。你是共振者，你把一切都共振起來，把你生命的範圍都擴大。

你只是不停地舞動，你是生命的舞動者，舞起生命的一切風景，成為你的布景。

編織一個大夢想

藍夜波符第四天，自我存在的白世界橋。

我站在橋的中央，回頭看見過去的自己。我從一個點走到了這裏，我開始慢慢地看見了自己。

我曾經以為那個追求各種生命夢想的就是真實的自己。我在尋求認同許可，我希望別人看見自己、肯定自己，為我的夢想加分。但是，這不是真實的自己，那只是一個虛假的自己，套上夢想的衣裳，想獲得別人的注意與讚賞。

我在橋的中央，看見未來的自己。我不再尋求別人的看見和肯定，我追求內在的平靜與和諧。我在我的夢想中編織我的美麗人生，我用生命的本質活出自己絢麗的人生。

我編織的是一個大夢想，一個全人類的夢想，我們活出自在和諧的生命，我們回到自己的生命藍圖，打造大同世界的生命花園。

我們一起手牽手，編織跨越世界大橋的夢想。

你能夠遨遊的天地大得很

藍夜波符第五天，超頻的藍手。

我握住你的手，我把你帶到了這個世界上。

我們一起創造生命的奇蹟，一起打造在世界上獨一無二的故事。我們曾經是那麼靠近，如今你有你的生命旅程，你有你的故事，你有你的生命的開展。

我們曾經攜手，在這美麗的路途上。生命漸漸地成形，我們踏上各自的旅程。生命有其成長的方式，我們有自己合作的方式，我們曾經相依，我們有天會分離。

我們在生命中的故事打造自己的夢想，你有你的夢想，我有我的夢想，我們一起參與了彼此的夢想。

當緣分盡了，我們需要放手，我們有自己的旅程，彼此相依卻又彼此獨立。我們在更大的生命旅程中依然相連接，你要看見生命的無窮無盡，它並非只是在那一 那，它是連綿無盡的。

我們依然在不同的維度相依，生命有更大的視野，它有更廣大的世界，讓我們翱翔與開展。不要把自己局限在一個狹小的視角，把你的眼光放大放廣，你能夠遨遊的天地大得很。

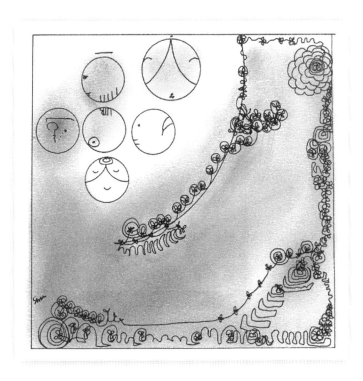

你有著豐盛的本質

藍夜波符第六天，韻律的黃星星。

你知道在遙遠的星空有一顆屬於你的星星，你來自這顆星星，你來自無明無始的一點光。

你內在有著星星的一點光。在千變萬化的時空裏，唯一不變的是你內在的這一點光，它是你的象徵、你生命的特質、你生命的本質。

你來自豐盛的源頭，你有著豐盛的本質。在你生命最初的那個點，是閃亮發光的本質，本自具足的本質。

你要用你生命的光去點燃你生命的藍圖，你的藍圖寫著你的故事，你生命本質的故事，它需要用你內在的那一點來點燃和啟動。

生命的直覺是你跟這一點光連接的容器，你在這容器裏攪動一切來自四面八方的訊息，接收跟你相關聯與共時的訊息。

它在你的生命中發揮了很重要的角色，你的生命故事不是別人告訴你的，你是自己生命故事的記敘者。

一個河流從一條小溪開始

藍夜波符第七天，共振的紅月。

一個河流從一條小溪開始，慢慢地流動，慢慢地的擴展。

它的承載力在流動的過程中擴展了。它經過了千山萬峰，一直到它流動到大海，它發展了自己無限的包容，承載和孕育滋養，它能夠給予得更多，它能夠接納包容得更廣。

我們的心也是一樣。當我們無法接納包容得更多的時候，只因為我們還是小溪。你不必去評判什麼，你只需要把小溪的流動做好，為你準備成為河流的流動準備。

總有一天你會成為河流，你會有更大的流動，你會有更大的包容和接納。你先從小溪開始練習，慢慢地擴大自己的格局與心量，為你日後的更大流動而做準備。

如果你回到了河流，你在為大海而做準備。大海是一切事物的包容與接納，它也是一個巨大的生命孕育搖籃，它可以更廣大地給予和接納。

任何事情在它這裏都算不了什麼，它不會因為一丁點的事兒而迷失，它知道自己的位置，它知道自己的存在共振著一切的存在。

喚起你心中的愛

藍夜波符第八天，銀河星系的白狗。

喚起你心中的愛。

你心中的浪卷起千尺，翻騰你內在所有的情感。回到最初的夢想，那是你最初的心，最初的心總有著最真的夢。那是愛的漣漪，泛起了一滴滴的淚水，喜悅的淚水。

你想完成你的夢，用你最真的心和最純真的愛，你試著努力一切，毫無條件地付出。

你愛著一切的人和一切的眾生，你的心是平等的，沒有批判，沒有偏差，只有愛。你可以愛一切的眾生，如實地顯化出來。

你曾經有這麼一個美麗的夢想，來自你內在真實的自己，毫無染著的自己。

回到你最初的心，你最初的夢，你最初的愛。

你為什麼在這裏

藍夜波符第九天，太陽的藍猴。

在夜幕來臨的時候，你是否常常會思考，生命的盡頭在哪裏，我們目前所在的位置又在哪裏？

你是否有想過，你為什麼會出現在這個世界上，你的角色又是什麼？你在糊糊塗塗地過日子，還是清醒地知道自己到底是誰，你來自哪裏，你為什麼在這裏？

一件事情會有很多種答案，每一種答案都是一個可能性，你有無限的可能性。你在這裏不是為了吃喝玩樂，你在這裏是為了表達你自己，來自靈魂深處，更深的自己。

你有許多的夢想透過吃喝玩樂過程中覺醒而表達出真實的自己，你不是在表達表層那個披著世俗衣裳的自己，你需要褪去那一層外衣，真實地看見豐盛的自己。

你並非為了建功立業而來的，建功立業只是一個過程，讓你披起了外衣，然後看見那只是一層外衣，那不是你的代表，那不是你的標註，那不是你的表達。

那只是你的表達力量獲取的一個工具。

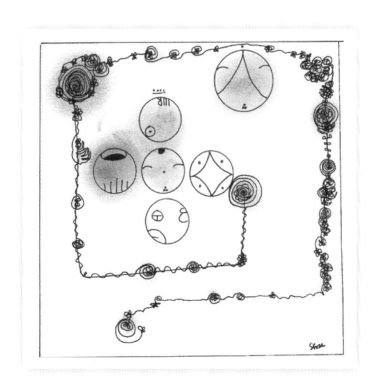

用智慧把它們顯化出來

藍夜波符第十天，行星的黃人。

生命中隱藏著許多的寶藏，你要用智慧把它們顯化出來。

你生活在第三維度的物質世界，而同時你也存在著更高維度的世界，每個世界都有一個你。

你看見的是三維物質世界的顯化，其實你並不知道，在這些東西尚未顯化之前，它們都已經存在於更高維度的世界，只是它尚未以物質的形式顯化出來。

這包括了你的情感、情緒、感受和直覺，它們很早就存在了，當你看見它們的時候，它們只不過顯化成形於這個物質世界。你要知道，你的一切情感、情緒、覺知與認知，它們都在創造，創造一切與你相關的事物，幫助你在這個人世間的體驗和學習。

你每天都在顯化出不同的東西，一些是你想要的，一些是你不想要的，只是你並沒有察覺到自己的這一個能力，因為你還在埋首沉浸在這個世界的幻象裏。你不知道你一直在創造，創造屬於你生命裏的東西。

活出你的智慧，利用你的生命智慧去創造與顯化。

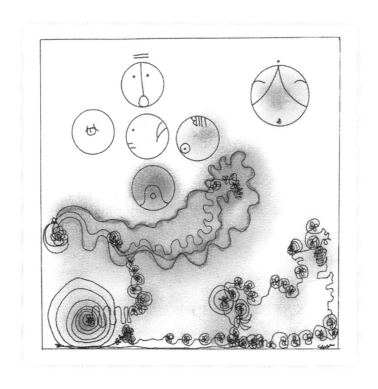

帶著愛去探索

藍夜波符第十一天，光譜的紅天行者。

帶著愛去探索。

我們都是世間的旅人，我們帶著愛去探索。我們在愛的旅程中認識自己，我們在愛的旅程中開展自己，我們在愛的旅程中釋放自己。

我們帶著愛，想在這旅程中釋放和開展我們愛的探索。我們卻又背負了許多，在每一站的人生旅程中，我們拿起了更多生命的創傷、人間的糾紛、愛的期待、對生命的不接納。

我們無法釋放，我們原本想把愛傳播，我們原本想把愛開展，我們原本想把自己的潛能表達，但是我們背負了太多。其中很多不是我們的，只是我們跟他人的一些互動和體驗而已，但我們都把它們當做了自家財產，緊抓不放，以致我們無法釋放屬於我們的真正光譜和色彩。

我們忙著釋放表層的塵埃，我們忙著釋放疊加的包袱，這一切都不是我們的。我們只是暫住在人體的這個軀殼，來實現我們旅行的夢想。

我們想在這裏大放異彩，我們要懂得放下與卸掉身上不必要的累贅和垃圾，找回我們真正的光彩，釋放我們生命的精彩。

回到我們夢想的旅程，遵循生命更大的安排。

臣服於生命給予的體驗

藍夜波符第十二天，水晶的白巫師。

天上的雲多麼自在，它們會跟隨大自然的變化，化成屬於自己形狀和狀態。它可以是雲，它可以是雨，它可以是海。

人世間的人們可沒有那麼自在，他們會跟隨自己世界的轉變而起舞，他們會對抗，他們會否定，他們無法相融。

我們要跟大自然學習，它們永遠都是那麼怡然自得，無論在那一個位子，它們都可以很快樂，它們也會歷經風雨，體驗風霜，遭遇各種侵蝕與破壞。

但是，它們能夠把這一個部分當做是生命中的洗禮和成長，讓自己多樣化地茁壯。它們是天地的一部分，跟隨天地的變化，進化成更高意識的自己。

我們也是天地的一個部分，我們也在進化，我們也在成長，我們也在多元化。我們應該臣服於生命給予的體驗，穿越生命的障礙，活出自己的豐盛。

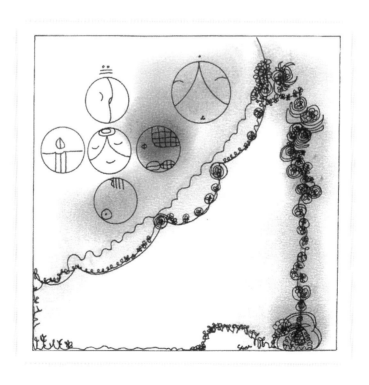

Kin195

回到內在平靜的自己

藍夜波符第十三天，宇宙的藍鷹。

當你心中不平衡的時候，你是無法心平氣和的，你可能心高氣傲，你可能自卑自憐，你可能咄咄逼人，你可能節節後退。那是因為你心中的氣是不平衡的，你無法坦然面對所有的人事物，你需要偽裝你自己，或是你需要退後。

這是因為你內在有一個程序的運作，它告訴你這樣是安全的，這樣可以避免你受傷害。但是，你並不知道這讓你陷入更深的山谷，你需要更大的力氣再爬上來，恢復你內在的平衡。

我們活在一層又一層的幻象，我們常陷於其中。它為我們設定了一個又一個的程序，讓我們無法活出真實無礙的自己。

你只有定在其中，才能夠看見生命的真相和生命的實相。你並沒有什麼不圓滿，你只是被幻象困住，無法撫平你心中不流動的氣。

你要回到你的臨在的那一個點，在它的中心看見自己圓滿無礙的那一面，從那一個點出發，回到內在平靜的自己。

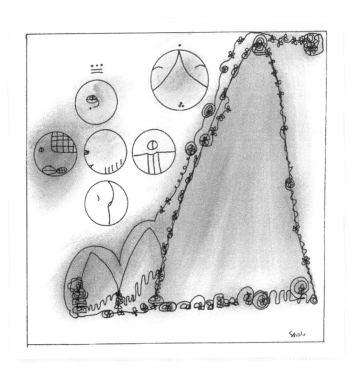

黃戰士波符

── KIN196 – KIN208 ──

你要戰勝的是自己

黃戰士波符第一天，磁性的黃戰士。

勇氣來自生命的歷練。

在我們的生命過程中，我們會體驗到很多人生的磨練，有快樂的，也有悲傷痛苦的。你的信念在當中一點一點地磨練出來，從不敢面對到勇於面對，從無法釋懷到可以放下，從嗔恨到寬恕，這一切都需要很大的勇氣。

因為你要面對的是自己，不是別人。你原諒了別人，但這不是別人的事，是你自己的事。你心中緊抓不放，你心中糾結，你受困了，衝不開生命的枷鎖，留在原地矛盾衝突，你無法離開這個範圍。

你要戰勝的是自己：內在的懦弱、內在的驕傲自大、內在的不平衡。當你的生命能夠突破這個點，帶來的是你活出自己的勇氣與智慧。

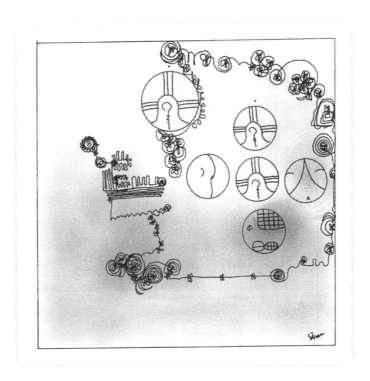

生命的奇妙之處

黃戰士波符第二天，月亮的紅地球。

我們一直都在生命軌道的運行中，導向我們想要去的地方。

當你不在你的航線，你的生命會拉緊你，讓你嘗到苦頭，敦促你更改路線。當你無法依循生命的路程，生命會讓你在兜轉中遇上同樣的路標，目的是為了提示，讓你回到正確的旅程。

我們會走錯路，我們會被路上奇奇怪怪的東西偏離生命該走的路途，但你也不必過於擔憂，生命是要在探索中回到正確的軌跡。

我們都是生命的旅客，我們開始時對生命一無所知，我們通過不斷地探索與探究，始終要到最後才搞懂生命是什麼，你要往哪裏去。

這就是生命的奇妙之處。

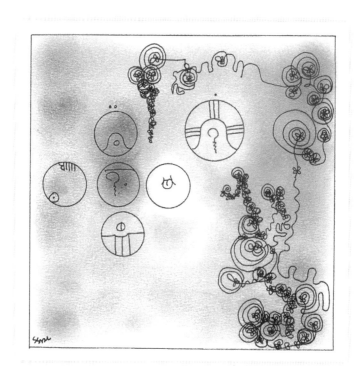

在反射中調整自己

黃戰士波符第三天，電力的白鏡子。

我們不斷地在反射中調整自己。

生活像一面鏡子，我們所遇見的人，我們所遭遇到的事物，我們所有的體驗，它們都是一面鏡子，一面讓我們照見自己的鏡子。

我們要靜下心來，慢慢地去看鏡子，仔細地揣摩鏡子裏面的照射。

它們在反映著你的人生，它們在告訴你，你的人生在哪個階段。你的人生在學習什麼，你還有什麼是無法穿越和放下的，它們都在一一地告訴你，像個故事的敘說者，它們在說著你的故事。

如果你沒有覺察，你會發現你在對外反應著，你在生氣、你在快樂、你在偽裝、你在迎合、你在抗拒。你外在的所有反應只是為了應付這些反射，鏡子的反射，內在的不圓滿、內在的渴求、內在的吶喊、內在的逃避、內在的匱乏。

你只有願意去看看這一面鏡子，裏面說得都是你的故事，你的真實所在地，你現在在哪裏的所在地，你願意去聽聽它們的故事，你才能夠啟動你內在的探索旅程。

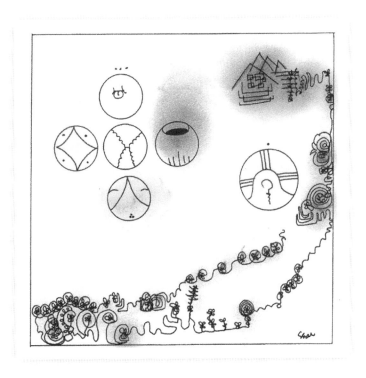

不要抗拒生命的轉化

黃戰士波符第四天，自我存在的藍風暴。

我們會害怕風暴的來臨，我們還沒準備好生命歷經巨大的變化。我們想維持現狀，即使現狀不是那麼舒服，但我們更害怕的是面對許多未知的未來。

路途遙遠漫長，我們不知不覺走到生命的某一個階段，每個階段有每個階段的故事。我們在故事中成長，我們體驗了生命的轉變。

每一個階段都有不同的變化，不管你察覺是否，變化中帶來了你人生的體悟與轉化，你的生命從此不一樣。

無論你是抗拒、順從，生命一直在轉變，不變的是你依然是自己生命的掌舵人。你永遠是自己生命的指引人，你在把自己導航到生命方向的旅途。

你無法停留，生命的時光流失在幻象的世界，你彷彿跟時間賽跑，你甚至不知道你迷失在哪一個地方。

生命在變化中蛻變，生命在變化中成長，不要抗拒生命的轉化，享受生命的每一段的變化。你是掌舵人，穩定在自己的中心，不怕巨浪，不怕狂風，它們都在幻象中迷惑你，你要看清楚生命的真相，不迷失在變化中。

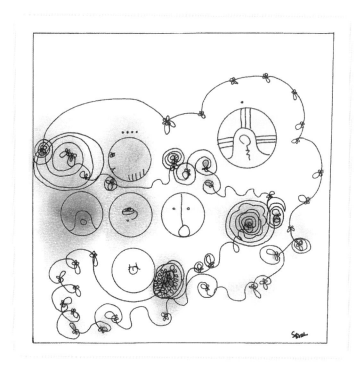

Kin200

發現你心中的慈悲

黃戰士波符第五天，超頻的黃太陽。

發現你心中的慈悲。

你是一顆珍珠，覆蓋在人世間的塵土裏。你有著你的美麗，你有著你的光芒，你有著你的智慧。

你可能還未看見它們，因為你對自己還不夠慈悲。一個慈悲的人會看見自己的美麗，他的心是寬容的，他可以承載無論是別人或是自己，他可以容許自己的不圓滿，他可以看見自己無限的潛能，他可以讓自己有節奏與有序的成長。

他知道自己是一顆珍珠，需要磨練生命才會發光，那是真正的光芒，光而不耀，承受得住時間的考驗和測試。

你要回到自己的慈悲，那是你的力量的所在之地。

驅動著萬物的力量

黃戰士波符第六天，韻律的紅龍。

在內在深處我們有一股強大的力量，那是一股原始的力量，來自深海孕育萬物，滋養萬物，驅動著萬物的力量。

這一股動能驅動著我們不斷地往前走，生命不斷地演化與進化。

當我們善用這股能量的時候，它能夠帶給我們無窮無盡的創造和啟動的力量，我們能夠把生命的潛能發揮出來，打造成振奮人心的事物，造福自己及他人。

當我們未能正面使用這股能量的時候，它帶來的是一股衝動、固執和強大的顛倒事物的能量，它會帶來偏執、帶來破壞、帶來扭曲。

你要懂得在當中如何去平衡這兩股的能量，它們是給你帶來成長的能量，兩股能量相磨合，到最後你能夠在自我的探索中把它們平衡和穩定。

這是你學習詢問和提問自己的旅程。

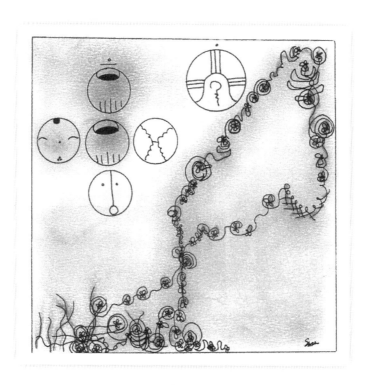

共振的世界

黃戰士波符第七天，共振的白風。

我們生活在一個共振的世界裏，一切都是我們肉眼看不見的能量世界，一切都是頻率，一切都是共振。

我們的世界有千千萬萬種不同的律動，這些律動是一種頻率，它們會創造出許多不同的狀態、不同的發生，和不同的物質能量體驗世界。

它們也創造了你跟我。你跟我的相遇也是一種頻率的共振，我們在某個層面擁有一致的信念，擁有一樣的頻率，擁有相同的振動頻率，我們共振了。

在探索自己的旅程中，我們很想知道自己到底內在裝滿了什麼，我們很想知道在這一生的旅程中我們終究會成為一個怎樣的自己。

在這個過程中我們不斷地與身邊的人事物共振，呈現了當下你的行為舉止、你的能量狀態、你的所有的一切。

它們都在你的潛意識裏種下了一顆又一顆的種子，這些種子當它們生根發芽的時候，它們又在共振。整個過程是一個靈性覺醒的過程，你在過程中回到自己的中心，在自己的共振中創造和傳播。

另一個你沒有看見的自己

黃戰士波符第八天，銀河星系的藍夜。

有時候我們會向自己開戰。我們不信任自己，我們質疑自己，我們無法跟自己好好相處，我們總想去攻擊和評判自己。

我們跟內在的自己並不一致，我們無法處在自己最平靜的那一刻。我們內在充滿了覺得自己不夠好，做得不夠，沒有表達自己內在最真實想法的聲音。

我們忘記了那是另一個自己，另一個你沒有看見的自己，另一個你沒有真實面對的自己。它們來自許多的投射，表現在你生活的每一個層面，呼喚你真實地看待自己，面對自己的脆弱、面對自己的萎縮、面對自己的膨脹、面對自己的虛榮、面對自己的不自信。

它們都是一面鏡子，把你內在投射到了外在，又把你的外在投射到了內在，提醒你每天照見真實的你目前處在一個怎樣的狀況。

當然，那只是你在人間遊戲的一套器具，只是你真實地投入了，玩得不亦樂乎，忘了自己真實的面目。你在投入中體驗的各種感受是你生命中一個重要的成長契機，讓你在穿越中重回真實的自己。

成為你自己最應該成為的樣子

黃戰士波符第九天，太陽的黃種子。

在生命探索的旅程中，我們活出生命的美麗與和諧，這是我們的最終目的。

我們的生命像一顆種子，從種子的發芽到成長成一棵大樹，我們歷經了風霜，歷經了風雨，也走過明媚太陽與虹彩。

最終，我們要活出自己的樣子。我們的成長並不是為了成為別人，別人的成功是他們自己的事情，你是為了成為自己，你生命想要你成為的樣子。那是最適合你的成長，那是你所以是你的原因。

你有自己的獨特，你有自己的美麗。那不是世間的美麗標準，那是你成為自己的獨特性，唯有你能夠成為你自己最應該成為的樣子。

你是自己的評審，不要把你的特權交出去。你有自己的旅程，你是自己生命的引導人，你知道自己是一顆怎樣的種子，跟隨你的屬性長出你本有的樣子。

昂首闊步地走自己的旅程，不為風霜左右你的成長。愛自己生命的一切，那是你成為自己的秘密。

生命是會進行蛻變的

黃戰士波符第十天，行星的紅蛇。

生命是會進行蛻變的。

在你生命的探索中，你在體驗，你在細嘗生命的品質。生命的起起落落隱藏著許多生命不同的品質，你在細嘗著生命帶給你的滋味。

我們練就了一身的本領，在這漫長的旅程中，每一次的體驗都是人生珍貴的寶藏，讓你去展現生命的活力，讓你去體會生命蛻變的力量。

你顯化了生命中許多的活力與堅韌，那是你生命的成長，在成長中舞起生命的繁星。

你從堅韌到柔軟，你的心能夠體會更多的情感，你的心能夠接引更多的可能性。

Kin206

讓不屬於你的離開

黃戰士波符第十一天，光譜的白世界橋。

在生命的流轉中，你會拿起很多東西，但你也應該放下許多東西。

生命是一個循環，你的生命中會出現許多的循環，在你生命場中不屬於你的東西會在循環中被帶走。

生命會重複出現一些類似的人事物、情感和情緒的流動，這一些都是生命能量場裏面的循環。東西還在，振動頻率還在，生命就會因此而回來。

如果這是不再服務於你的，你要決然的放手，讓它流動去它能夠離開的地方。

生命中有無數的斷捨離，在生命探索的旅程中放手流動，讓不屬於你的離開，讓跟你連接上的到來。

不要可惜、不要猶豫、不要嗔恨，所有一切都是生命的過客，我們只是路過生命的旅站，我們未能帶走生命中留戀的許多事物。

我們只能感謝這些事物的出現，讓我們學習身在其中，卻又不著邊際。它們幫助我們在心中背負許多東西，卻又幫助我們看破、放下，繼續學習、成長和穿越。

生命是如此的美麗。

這個世界是一個圓

黃戰士波符第十二天，水晶的藍手。

我牽起了你的手，你牽起了他的手，我們圍成了一個圓圈。

這個世界是一個圓，我們攜手同進。這個地球也是一個圓，你無法在她的身上找到盡頭。

人類也是一個圓，我們彼此相依，彼此影響，沒有結束。我們永遠無法切割，我們是一個共同的一體，你過得好，我也過得好，你活得不如意、不自在，我也不會輕鬆。

你要去看見我們彼此如何影響著這個世界，我們如何影響著彼此的進展。

一條河流從山上流了下來，一路經過山谷彎曲的河床，流到了大海。從大海中又透過蒸發回到了天空，變成雲朵。雲朵又透過風，吹到了山上變成雨，回到大地。

這是一個過程，我們彼此相依的過程。你可能在山上，你可能在河谷，你可能在大海，你可能在天上。

但我們彼此牽連著大家，我們是牽著大家的手，一起走、一起流動、一起進化。

踏上愛的旅途

黃戰士波符第十三天，宇宙的黃星星。

踏上愛的旅途。

當我們的心中沒有仇恨，只有愛，我們在愛的旅途。

仇恨像一支箭，它會射穿你的心，讓你的心充滿了怨恨，無法原諒。

當你能夠把箭拔出來，你的心不再與箭相連，它回到了圓整。它只屬於自己，它不再被外在的許多事物牽連，它能夠回到愛的狀態。它能夠寬恕，所有來到這裏的東西都會被化解掉，只剩下愛的連接。

這是生命的藝術。當你能夠把所有來到你面前的東西，像一個藝術家把它裝飾成美麗的作品，你也成了藝術的本身。

你會看見所有的美麗，你會體驗和諧就在美麗當中。

紅月波符

每一刻都是新的開始

紅月波符第一天，磁性的紅月。

生命如此地流動，有時我們都不知道自己將往哪裏流動，將往哪裏停駐，將往哪裏終止。

每一個流動是如此地細膩，甚至不留痕跡，你不容易覺察，生命在一剎那就在時間的縫隙裏流動過去了。

你不容易把握每一次的流動，每一次的流動是生命的淨化與提升。它帶來了無限的訊息與機會，在生命流動中的無數個一閃而現。

你有著許多的選擇，卻又放掉了許多的機會，因為你不知道，那一剎間就是改變的契機。

生命會流失很多的契機，很多你想回頭抓緊的契機。你想再重來一次，但生命沒有重來，每一刻都是新的開始，就像流水不會在同樣的時空點流回同樣的地方。

每一個時空點都有不同的方向、能量與機會。沒有一個東西會以同樣的形式出現，因為你的生命河流是不停地在流動，它會帶來新的生命體驗和領悟。

不必留戀過去的流向，你要跟隨生命新的流動，在流動中創造你生命所屬的特質。

找回自己的平衡點

紅月波符第二天，月亮的白狗。

愛就是要讓自己處在一個平衡流動的位置。

你不需要去迎合別人，也不需要委屈自己，你沒有跨越別人的界限，也沒有縮小自己的範圍，一切恰到好處。你可前進，也可以後退，伸縮自如，自由地流動在自己的河流中，享受生命帶給你的恩典，學習活出自己生命的特質。

我們原本就是這樣，我們在流動，在一個動態平衡的流動活出我們自己的生命本質。

但是，是什麼讓你無法輕鬆平衡的流動？這是一個你要思考的課題。它可是與你息息相關，非常重要的生命課題，這是你卡住無法順暢流動的地方。

它與你有關，你在累世中積累了生命中的一些卡點，生命在此刻需要把它衝開，再次流動。你感受到了不舒服，你感受到了痛，你把傷深深地埋在心底裏了。

它們造成了許多的不平衡，你感受到了無法獲得平衡的對待，對你自己亦是，對他人亦是。這是不平衡的愛，你要在生命流動的河流中找回自己的平衡點。

你生命的實相在哪裏流動

紅月波符第三天，電力的藍猴。

你生命的實相在哪裏流動？

我們的生命總是在流動，它會有一個導向，你總會在某些實相中流動。

我們生存在一個多維的世界，我們在多維的世界流動。你的生命有許多的可能性，它們被安置在不同維度的世界，你連接上哪一個，它就在哪一個世界流動。

它們卻又是同時存在的，有時你根本分不清你到底在哪一個維度的實相。

它們既存在又不存在。它們既真實卻又虛幻。你難於捉摸這世界的實相。

你要流動你的生命，並在流動中用你的直覺和生命最初的感受，去理解這細微的能量。因為這些細微的能量是你生命的導航儀，它們帶領你走向生命中真實的自己。

真實的你知道真實的世界，他知道生命的實相。他知道幻象以外的世界，他知道為什麼生命會受困在幻象的世界，他知道生命要穿越的是什麼。

跟隨生命的流動，回到自己流動的中心，啟動生命流動的實相。

蛻變與成長

紅月波符第四天，自我存在的黃人。

　　每個成長的靈魂背後隱藏著在悲傷痛苦體驗中穿越的智慧，每一次的體驗和經歷都是一次的蛻變與成長，在我們智慧成長的路途上畫上了一個印記。

　　我們是有智慧的人類，每一次體驗都是我們收割智慧的時刻。這是一個漫長的旅程，有些人體驗多，有些人體驗少，這視乎其靈魂的承載能力和自由意志。

　　有些人能夠在激流中掌舵，追尋生命的冒險與刺激，歷經風險和巨大的流動，收穫突變的成長。有些人習慣在慢流細支中閒遊，他不在乎快與慢，他只想好好看看身邊的風景，細細悠閒地品嘗人生的各種滋味，他追求的是細水慢流的成長。

　　無論你選擇了怎樣的一個道路，最終你會明白這是你的選擇，你擁有生命的抉擇，你是自由的，你是擁有智慧的人類，你能夠自由地選擇你的流動。

我們承載著生命的許多訊息

紅月波符第五天，超頻的紅天行者。

家庭是我們的搖籃，我們從這裏開始，我們從這裏踏出我們的第一步。第一步、第二步、第三步，人生就這樣開始了。

我們承載著生命的許多訊息：生物生理的訊息，心理精神上的訊息，靈魂生命藍圖的訊息。我們需要去探索這一生，需要離開自己的家庭去探索一個屬於我們的更大的人生。

有些家庭是支持，有些家庭是推動，有些家庭是反面的投射。無論你生長在怎樣的家庭，他們都是你的一股力量，推動著你，激勵著你去發展屬於你生命不同維度的進展。

你是一個有力量的人，你能夠推動自己的生命不斷地進展與流動。你知道你能夠穿梭在不同的角色，在這不同的角色中成為你自己，這是你最終生命要活出的精彩。

你能夠穿梭在不同的時間線，你能夠流動到更遠的地方去。當你能夠在不同的角色穿梭自如，活出自在的自己，你也能夠在不同的維度和時間穿梭，打造多維度和多元創造力的自己。

打破你僵化的認知

紅月波符第六天，韻律的白巫師。

靜止的時間在流動。

靜止的空間有無數的粒子，粒子在空間中永不停休地轉動。

時間涵蓋了空間，一切都在時間的流動中運行。即使在無時間的空間，時間在輻射和投射出去，觸及每一個事物，同時在運行，同步在操作。

生命如實地展開、如實地在運行，在所有的時間與空間。

人類的感知有限，我們只能感知到表層的運作和操動，我們很難進一步理解當中的奧秘。表層的操作主導我們很多人的生活，我們只能從非常有限的資源去理解生命的真實現象。

在這有限的人生，你要打破你的執著，打破你對許多人事物的認知，生命並不是你所想像中的那樣。

我們在世俗人世間生活，卻又不能著迷於這個世俗人世間的一切。我們要打破這僵化的認知，回到生命原點，無時間的光點，輻射出去的時間，平衡生命的存在。

你是豐盛與慈悲的

紅月波符第七天，共振的藍鷹。

我們很羨慕，飛在高空的老鷹，自由翱翔，瀟灑自在。它彷彿不被任何的束縛，自由地飛翔在萬里長空，美麗英拔，無牽無掛。

我們背負了許多，包括我們無法平衡的生命包袱，累世業力。我們共振到的是無法自由自在的自己。

生命的流動與淨化就是為了回到自在的本質。你不要抗拒生命帶來的挑戰，那是因為你無法在自己生命流動的範圍展現你自己。

你本來是輕鬆自在的，你卻背負了許多。想要回到生命自由翱翔的自在，你要回到自己的慈悲與豐盛。

你要看得更長遠，深透進入生命的源頭。你要知道你自己是誰，你要知道生命為何而存在。你要回到自己豐盛和慈悲的本質，那是你能夠帶給自己自由流動的本性。

你在生命中點起一盞燈，照亮了自己也照亮別人。把你自己生命的背負燃燒殆盡，照見自己生命的本質，你是豐盛與慈悲的。

在體驗中獲得答案

紅月波符第八天，銀河星系的黃戰士。

　　生命有許多問題等待我們去解決。我們常常問自己，這是為什麼？到底我們想要什麼？到底生命想要給予我們什麼？我們在學習什麼？我們在體驗什麼？

　　我們有很多很多的問題，但並不是每一個問題都有標準的答案。很多問題是在我們體驗的過程中獲得的，你無法滿足於頭腦邏輯式的答案，你只有在體驗中、穿越中去領悟和體會。

　　這樣的答案異常深刻，你會挖掘隱藏在內的許多流動，你也會獲得生命的淨化與提升。

　　你的生命不停地在流動，你總是在流動中去尋找生命的答案。這些答案不在外面，它們通通都已經為你準備好了，等待你去挖掘與探索。

Kin217

生命會有導航

紅月波符第九天，太陽的紅地球。

生命不是隨便流動的，它會有一個方向。你看那支流小溪，它們總是往四面八方流竄，看似沒有方向，可是到最後它們都是要回歸大海的。

它們會有自己的軌跡，即使對身邊風景的留戀忘返，迷失了方向，但最後在引力的引導，它們會回到自己正軌的方向。

人也是一樣，我們不會永遠迷失，我們不會永遠失落在迷失的生命國土裏。生命會有導航，它們會一再地提醒、一再地出現，引導你回去路途的標示。

生命在熙熙攘攘衝突中會打開一扇門，你內在的門，門裏有著一張地圖，生命的地圖，你遵循著無形的地圖回歸生命的流動。

你會回到內在的平靜與和諧，你不再是激流衝動的河水，你會回到內在平靜的海洋。

一切如夢幻泡影

紅月波符第十天，行星的白鏡子。

在你生命流動的大河中，你會看到許多生命的倒影。每一個都是你，來自你內在記憶的共振，它們被顯化出來了，它們被你看見了。你生命中所有的一切都是一個鏡像投射，你內在有什麼，它就投射什麼。

你把這一切都當真了，以為它們真實存在，出現在你生命裏，讓你忙於應付和處理。

其實它們是真實的出現，卻又不真實的存在，它們都是一面面的鏡子，它們如實地反映。它們來幫助你，看破生命中所有的幻象。

你要知道它們的秩序，它們來自一定的時間與空間的秩序，在秩序裏被程式化了，然後顯化在你的眼前。

一切如夢幻泡影，你要去改變生命記憶裏的程序、生命記憶裏的矩陣，不再隨波逐流，不再讓生命流動到一個你完全失控的地方。

它是一個調頻過程

紅月波符第十一天，光譜的藍風暴。

生命會起風浪，這是一波能量把我們推到生命的高峰，經歷了風浪，磨練了心志，回到正軌。

它是一個調頻過程，不斷地把我們帶回自己原屬的本質。我們是應該跟隨這樣的振動頻率去與我們四周圍的人事物共振，我們原本應該以這樣的振動頻率去創造，走屬於我們的道路。

但是，我們常常不在自己應有的頻率，我們沒有與大自然同步的頻率對焦，無法相融在大自然的和諧裏。

生命的風浪來得真是時候，你要去看見它正想成為你的助力，讓你回歸自己，回歸大自然，在自己生命旅程中流動。

它不是戲弄你，也不是毫無因由的出現，它在幫助你積蓄力量，扭轉生命中歪曲的部分。它同時也在考驗你生命的意志力和寬容度，讓你踏上生命高峰的創造。

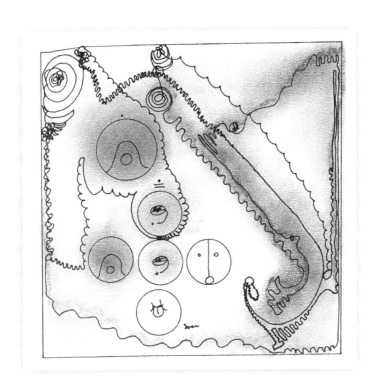

為他人做點燈人

紅月波符第十二天，水晶的黃太陽。

當生命流動到一個階段，你會開始看見生命光的色彩。你會感受得到你的這一生所走過的路途，無非不是為了成就自己、普及他人而散發的生命光。

你讓自己的光滲透出來，你內在的色彩、五種光彩散發到你生命的能量場，它們匯成了團白光。

白光裏有著無限的彩光，那是你生命的色彩。每一個色彩的輻射閃爍著你生命的光彩，你變成一團白光，照耀自己，也能夠普及他人。

你成為自己生命中的太陽，為自己取暖、為自己照射、為自己指引生命旅程中的路途。

你的光折射出去，生命給予你的美麗，它也照亮了別人的旅程，為他人做點燈人。

Kin221

我們是一塊寶石

紅月波符第十三天，宇宙的紅龍。

我們是一塊寶石，有著多維度的美麗，我們有多種色彩，多種呈現。

我們能夠以多種狀態出現，我們能夠以原始的狀態出現，我們也能夠以加工的狀態出現。這一切都是美麗的我們以不同形態的出現。

我們的本質是寶石，不是加工而讓我們成為寶石。我們生來就是寶石，獨一無二的寶石，以自己獨特的色彩和形態存在，加工只是讓我們以另一種形態出現。我們是經過千錘萬煉進化而來的，我們有我們的原始面貌，我們也有自己歷經風霜錘煉的面貌。

你看見我的美麗，你不知道當中隱藏了多少的天地滋養和錘煉。

我們的生命就像寶石，歷經了生命的變化和演練，當我們出土的時候已經呈現寶石的狀態，加工是我們的創造，讓我們錦上添花。

這創造是從我們原始面貌的演化基礎上演變出來的，我們只是成為自己，在做自己的基礎上再演化成新的創造。

這是生命流動的看見。

白風波符

―― KIN222 – KIN234 ――

真實地表達自己

白風波符第一天，磁性的白風。

我們常常在心裏有許多話要對自己說。很多話我們說不出口，只能對自己說。

為什麼呢？

我們怕別人聽了不高興，我們怕別人聽了不認可，我們怕別人聽了會帶來抗拒，我們怕別人聽了會不喜歡我們。我們都把話吞進肚子裏了，我們跟自己發牢騷，我們跟自己抗議，我們跟自己對抗，我們自己可憐自己，我們自我對話。

我們活不出自己，我們無法真實地表達自己，我們無法如實地回應。

在我們的呼吸流動，一個是出去的，一個是進來的。我們的壓抑在呼吸中傳播著，我們的吶喊、我們的心聲一再在呼吸中流動。那是一股氣，在我們的心裏流動不出去，它在嘗試衝破界限，透過你的呼吸它想流動出去，卻走不遠。它一直來回地流動，直到你能夠衝破界限，讓它自由地流動，流動到它能夠自由表達和自由穿越的空間與時間。

我們是自由的靈魂，沒有人能夠束縛我們，除了你自己。

如果你想要流動的氣息，你要自由地成為你生命裏的主人。你能夠感受一切自由流動的氣息，你能夠在自己的生命循環中為自己發聲，你能夠傾聽，你能夠融合不同的聲音，你能夠有寬大的胸懷來容納生命更大的循環空間。

光一直都在

白風波符第二天，月亮的藍夜。

我們是獨一無二的。

我們有自己的特質，每個人有自己不同的呈現方式。好像天上的白雲，沒有兩朵是一樣的，但我們卻不如白雲的自由。白雲可以自由變化，無拘無束，自由地呈現自己。我們有著自由的本質，卻沒有活出自由的特性。

我們不自由，無法自在地表達，無法灑脫地把自己的特質發揮得淋漓盡致，因為我們陷在自己的黑暗面。

我們內在有光，但這些光會被內在的黑暗面所遮蔽。我們有時會抱著這些黑暗面不放，我們把太多的注意力放在這裏，以至於我們看不見自己的光。

光一直都在，我們從來沒有失去光，我們的本質有許多的光，只是我們陷入了黑暗的迷失，看見和連接到自己潛意識低維的記憶。我們以為自己不夠好，不值得被愛、不值得擁有，我們就往這方面去表達，無論是膨脹或是退縮。

你是光，你是愛，你是快樂。這是你的本質，在黑暗中並存著的光，是你要去連接回的自己。

啟動你內在光明的種子

白風波符第三天，電力的黃種子。

啟動你內在光明的種子。

　　你需要光來成長。你需要被看見，你需要愛，你需要認可。這是你內在對自己的欣賞，是你自己給予你自己的愛與光。你也需要外在的助緣光，你需要外在一切成就你的助緣，這可能是善緣，也可能是逆緣。

　　你需要它們來支持你、成就你、激發你、磨練你、滋養你，給予一切你成長所需的養分和滋養。但你也要去看見，你內在全息的本質才是你獲得滋養的基礎。你在灌溉你內在豐盛的本質，是你內在豐盛的本質在滋養下生根發芽了。

　　你要相信自己，活出自己，外在的助緣會根據你對自己的信任度和看見度而到來。你發出什麼樣的訊息，什麼樣的滋養就會到來。

　　發出愛與光的訊息，在愛與光中成長和表達。

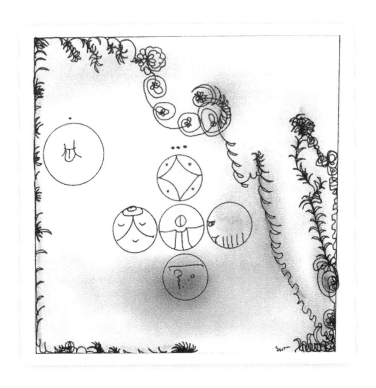

你不是泛泛之輩

白風波符第四天，自我存在的紅蛇。

生命的體驗讓你變得強大。

你不會表達你自己，你不知道你的生命活力在哪裏，你不知道自己的特質是什麼，生命會告訴你。在你生命成長和體驗的過程中，你會一一地把它們找出來。

你的生命體驗或許是平淡無奇的，你的生命體驗或許有如坐過山車那樣新奇和刺激。這全看你的生命載體承載了一個怎樣的靈魂，他選擇了怎樣的課題和體驗，他的生命承載了多少需要平衡的業力。

你會在這過程中，被推動去尋找你的人生目的、你的生命熱忱、你的生命潛能。這是你要在這人世間去表達自己的一個過程，你明白自己獨特性的一個途徑。

你不是泛泛之輩，你在跳著天地間一支獨一無二的舞蹈。在你舞動的過程中，你和許多人事物的互動和相互參透，畫出了你生命美麗的色彩。

我們可以療癒自己

白風波符第五天，超頻的白世界橋。

我們自己可以療癒自己，我們有能力自我療傷。

在生命體驗的過程中，我們會跌倒，我們會受傷，我們會封閉自己的心讓它不再受到傷害，我們不再表達我們自己，我們也不再傾聽別人。但是，這是一個過程，它會讓你再度連接回你自己。

或許，連你自己也不太清楚，你自己到底以一個怎樣的形式存在，你到底以一個怎樣的形式出現。生命是一個表達的過程，你會通過各種方式去表達你自己，表達你跟其他人事物的連接。

你不會孤獨，你生命中有著許多的連接，這些連接會讓你打開你生命中的門，去探索你內在的傷、你內在的不圓滿、你內在需要去療癒和表達的那個部分。你生命中會有許多的橋梁，它們會把你連接到不同相關的管道來療癒你內在的創傷。

這些創傷始終是要被釋放的，無論多久、無論多長的時間，不管是在這一世或是下一世，它始終都是要跟隨著生命的流轉而被釋放的。它們不屬於你的，它們是生命成長的一個契機，但不是永恆，用完就要被丟棄。

你要珍惜生命中每一次的療癒機會，放掉舊的，連接新的，活出真實的自己。

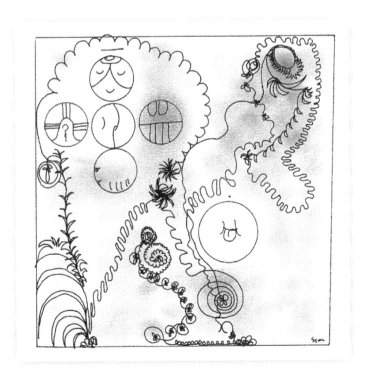

身在其中而不執著於其中

白風波符第六天，韻律的藍手。

你要學習像風一樣，流經萬物，穿過萬物，在萬物中滲透，創造美好卻又不留痕跡，毫不留戀地離開，前往生命中的另一個旅程。

世間上有許多的美好，美好的關係、美好的相聚、美好的創造、美好的景色、美好的一切，這是不用懷疑的。但是，你也要清楚地知道，所有的美好都只是一個瞬間的感覺。這，會隨著不同的因緣而結束或轉化。

你不用質疑美好的存在，但也無需執著美好的永存，很多東西到最後都只是成為了一個永恆的記憶。我們可以去創造，你需要去創造美好，你需要去創造快樂，但你也要放手。當美好已經離開了，不再以美好的方式存在的時候，你要學習身在其中而不執著於其中。

我們可以打造我們想要的，我們可以尋找自己喜歡和愉悅的東西，但是你要知道，因緣的變化會帶來許多生命的變化，你要跟隨生命的變化，活出自己的本質卻不留戀在生命本質流轉過程中的變化。

你要放手讓一切流動，包括在你生命中出現過的一切，為生命下一次的流轉做提升和準備。

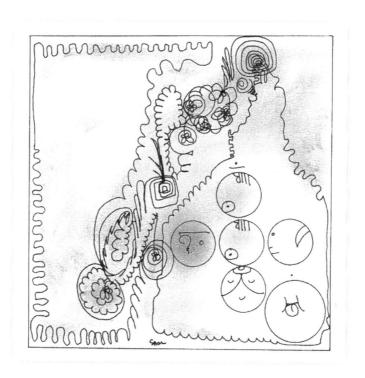

藝術的心

白風波符第七天，共振的黃星星。

很多時候我們會說，當我達到什麼什麼位置或狀況的時候，我們就會放手，我們就會往我們想要去的方向走，我們會做我們應該做的事。但是，當我們達到適合的位置或狀況的時候，往往我們無法放手。

我們還想等待，等待更加適合的時機，我們捨不得，我們不想離開已經熟悉的位子。我們以為一切都會照舊留在那邊，這樣一直走下去。

生命是一場藝術的呈現。我們會有各種的變化和流動，就像幾何圖案，它會依照生命的因緣流動變化出不同的風景。每一幅風景都有不同的景色、不同的人物、不同的時間與空間，它們都是一幅幅的藝術畫。而這些畫會永遠留在你腦海的空間裏，但不是人世間的空間裏。

我們擁有藝術的畫，也要擁有藝術的心。我們在共振著不同的人事物，拼湊成不同的藝術作品。

我們要有一顆真誠的心，容納所有不同藝術的呈現與變化。我們的心變成了一顆藝術的心，它能夠把所有的事物轉化成令人欣賞的藝術品，它能夠從藝術品中共振美麗與和諧。

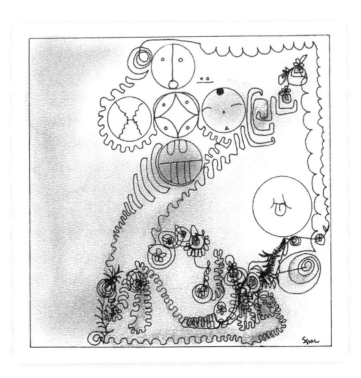

成為自己的粉絲

白風波符第八天,銀河星系的紅月。

我們只有在自己生命流動的時候,才能更加如實和全面地表達自己。

我們天生就會表達自己,無論你以怎樣的形式表達自己,請你回頭看看,你的生命正在處在一個怎樣的狀態。

從你表達自己的方式你就可以知道,你的生命是一個怎樣的流動方式。你正在如實自在地表達自己嗎?你正在封閉退縮地表達自己嗎?你正在高傲膨脹地表達自己嗎?

從你的表達去抽絲剝繭,去覺察和觀看自己,感受自己,瞭解自己。

你是自私的、嗔恨的、絕望的、愧疚的,還是快樂的、心胸廣闊的、慈悲無私的,這是你表達的根源,你所卡住或流通的指標。

生命非常有趣,無非是自己跟自己在玩的一個遊戲,你所要做的就是永遠成為自己的粉絲,注意你自己的一舉一動和起心動念。

流動到生命最美麗的方向

白風波符第九天，太陽的白狗。

我們要像風一樣地流動，流動到生命最美麗的方向。

生命最美麗的地方是愛的表達。我們在表達內在對自己的欣賞，我們把它帶到了外在的形式，內在的美麗通過你的表達流動到了外在。

當你能夠表達出自己內在的美麗，自己內在的通透與純粹，它會像風一樣，漂流到了空中，散播在你的世界裏。

這是愛的力量，通過你真誠的表達，散播到了空間，滲透到了每一個地方。

由你從內而外散發出來的美麗充滿了整個世界，那是愛所帶來的力量，那是你真實表達自己特質所帶來的美麗。

你成為了天地間的一陣風，一股帶來愛的力量的傳播。你在這美麗的傳播中表達你內在最真實的自己，單純而快樂的自己。

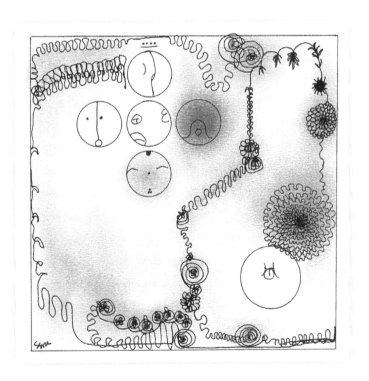

我們內在有一個孩子

白風波符第十天，行星的藍猴。

我們要傳達真實的自己。

我們都是自己的主人，但我們卻成為別人的奴隸，我們不願表達真實的自己，我們偽裝自己，成為別人欣賞和喜歡的模樣，我們忘了真實自己的模樣。

我們內在有一個孩子。他是真實的自己，他不會偽裝，當他開心的時候他會手舞足蹈，當他傷心的時候他會嚎啕大哭。

他不會偽裝自己，但我們卻是掩蓋和無視他的存在，我們不會讓他浮現，總是把他壓抑到最深處，但是他會顯化自己，在你生活的各個方面。在你的偽裝面具底下，他總會悄悄地露面。

他會為你帶來生命中的各種體驗。當他開心的時候，會為你的生命帶來喜悅快樂的體驗。當他傷心的時候，會為你帶來痛苦悲傷的體驗。

你和他是一體的，不管你的偽裝面具有多大，生命總會把你們聯合在一體，顯化和表達真實的本質。

回到你的心

白風波符第十一天，光譜的黃人。

放下你的頭腦，回到你的心。

你的頭腦有它的用處，但不是每一個時刻你都需要以你的頭腦為主導。你的心能為你帶來更多的靈感、情感和直覺的流動。

有時你需要聽從心的領導，它會讓你感受自己真正想要的，它會讓你知道你生命旅程的方向，你該往哪裏走，你該如何與自己相處，你該如何看待這個世界，你該如何與身邊一切事物乃至宇宙大千世界的溝通和理解。

這一切在你的心，不在你的邏輯思考的分析。你要擺脫這些捆綁與認知，讓自己融入生命更大的流動與溝通。

你要表達的是更大更廣的自己，而不是一個受限於頭腦認知的自己。你要傳播的是一個更大更美的世界，而不是一個受限於狹隘自私封閉的空間。

你要打開你的心胸，接納更多的交流與流動，回到自己內在更廣更大的時空，去連接天地更大更廣的時空點。

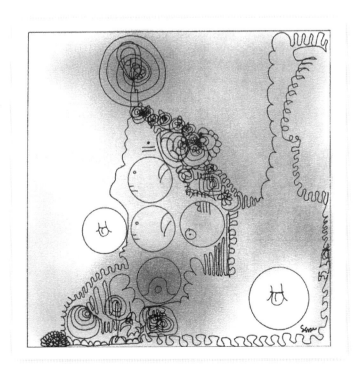

我們是生命的旅者

白風波符第十二天，水晶的紅天行者。

在生命的流轉我們都經歷了無數體驗，並從體驗中認識自己。

我們是一個旅者，生命的旅者，我們到處去探索，在不同的時間與空間。我們在這些不同的時空中，充沛豐富我們的生命智慧。

我們從體驗中瞭解自己、看見自己、活出自己，我們也從這些體驗和探索中，明白我們其實並不是一個人在行走自己的旅程，我們有許多的陪伴。

我們的生命中出現許多的陪伴，豐富了生命的探索，我們陪伴和襯托別人，別人也陪伴和襯托了我們。

我們在旅程中相互配合，完成了彼此所需要的流動，我們的生命探索就在當中展開。你在旅程中所遇到的所有人事物，他們都是為了開展你的旅程而出現的。

生命一直在流動，你在流動和探索中表達你內在最真實的自己。生命的體驗總是在告訴你，你是否呈現出你自己真實的表達。

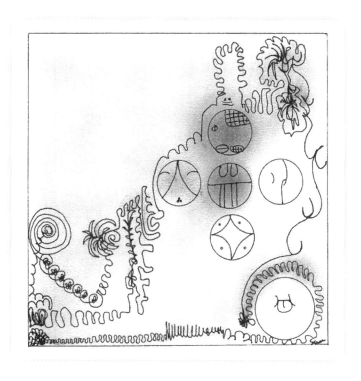

我們本身就是一個奇蹟

白風波符第十三天，宇宙的白巫師。

生命充滿了奇蹟，我們本身就是一個奇蹟。

當我們靜止在自己的內在，你會感受到自己生命的存在方式，你會覺知到自己在以怎樣的方式存在於這個人世間。

你會知道自己不只是這個軀殼，你不只是存在於身體的這個軀殼裏。你存在於一個更大的世界，這個世界有著你所有的一切，你可以感知到自己生命每一個細緻存在的能量。

我們擁有整個世界，我們在這個世界中創造一切我們想要的。我們是自己世界的主人，我們總是在自己靜默的世界中創造一切屬於我們自己的世界。

我們創造了許多自己的信念，這個信念又創造了許多顯化在我們內內外外的各種人事物。

我們在靜默中創造了這一切，我們要臣服於自己的創造，並從這些創造中回到自己的靜止，並在靜止中回歸自己的愛與光，回歸生命奇蹟的創造，活出獨一無二的自己，散播生命愛的訊息。

藍鷹波符

—— KIN235 – KIN247 ——

天地會為你擴展

藍鷹波符第一天，磁性的藍鷹。

鷹飛得高，看得遠。

我們要擴展的不只是自己的心胸，還有自己的視野。

我們要飛得高，是為了看得更廣和更深入的範圍。我們一般肉眼的視野非常有限，我們只看見眼前的東西，甚至在眼前超過我們視力範圍的東西我們都看不清，而我們常常就以眼前看見的範圍去做判斷和決定。

這絕對不是最正確和最有智慧的判斷和決定。

真正有智慧的看見，是你內在慧眼滲透一層又一層的感知和覺知的看見。裏邊蘊含著許多肉眼和頭腦判斷所看不見的，卻又真實存在影響著整個大局的，在世俗科學家稱之為96%的暗物質。

我們需要提高自己的能量級別，讓自己提升到一個能夠感應這一切存在的物質。我們要提高自己的心量，我們要提升自己的視野，我們要去擴展自己的能量場。

這會為我們帶來更多的慈悲、更多的愛，來看待這個世界。

當我們飛在高空，整個高空都為你翱翔。你可以展翅盡情地翱翔和創造，因為你有足夠的心量、足夠的視野，天地就會為你擴展，提供你所需的時間與空間，讓你的慈悲在你揮翅的一剎那灑落人間。

每一刻我們都在做選擇

藍鷹波符第二天，月亮的黃戰士。

生命有許多可能性，每一時每一刻我們都在做選擇。這些選擇會帶來各種可能性，甚至是生命關鍵的改變。

我們無法確保自己的選擇是百分百的，我們有可能會走錯路，我們有可能會做錯選擇，我們有可能會忽略了一些關鍵重要的東西，我們有可能會錯失一些重要的機會。

但我們還是需要不斷地做選擇，不管正確與否，不管精準與否，生命還是需要在不斷選擇的領域中探索。

我們在這些探索中增長我們的智慧，我們在這些抉擇中成長我們的勇氣，為我們增長自己的視野和慈悲做鋪墊。

回歸自己的生命藍圖

藍鷹波符第三天，電力的紅地球。

我們在生命的地圖中，不斷地啟動自己的導航路線。

生命不是一個空白的白紙，等待我們為它畫上色彩，生命有自己的地圖與航線，它在等待你把它激活，像一個無字天書，你要把裏面的內容一一顯現，然後玩你的尋寶遊戲。

你有自己的生命藍圖，每一生每一世，你都有自己想要完成和穿越的事情。生命有很多的主題，有大主題有小主題，你要在這個人世間的遊樂場找出自己的主題，然後再從中擴展，生發出更多的路線，幫助自己完成生命的主題。

你是玩家，拿著自己的地圖，開創自己的路線，尋找生命中的委託，活出自己的精彩。你要居高臨下，看見自己的生命地圖，尋找自己的生命軌跡，回歸自己的生命藍圖。

把你心中的鏡子擦亮

藍鷹波符第四天，自我存在的白鏡。

當你心如明鏡的時候，你才能看清世界的一切。

我們生存在一個渾濁的世界，每個人的心都被塵埃遮蔽了，我們看不清世界是如何運作的。我們活在自己認知設定的世界裏，別人也同樣活在自我認知的世界裏。每個人有自己潛意識信念系統運行的認知，我們根據這一套認知活在一個虛幻的世界。我們活在自己虛幻的世界，我們也活在集體意識編織出來的虛幻世界。

世界本來是清明的，我們原本應該清明地認知和看見這個世界上所有的一切事物，但是我們清明的那一面鏡子卻被蒙塵了，我們看不見自己的光，也看不見他人的光。

我們陷在自己的黑暗面，反射出去看見他人的黑暗面，我們想在黑暗中尋找光。

光在你的心中，它一直都存在。無論你覺得自己陷入多麼深的黑暗中，不要忘記，你本自光明，你本自無量，你本自清明。

你要把你心中的鏡子擦亮，從迷霧中回到你的光明通透，看見你的無量光無量明點。

回到你最初的光與明點，看清大千世界的光明。

生命轉化的意義

藍鷹波符第五天，超頻的藍風暴。

　　生命一直在變化。我們看到的只是表面的變化，實際上內在還有一個更大的轉變是我們單憑雙眼看不見的。

　　你看見每一件事物在變動，你知道其變動的意義嗎？每一個變動都有其背後更大更重要的意義。我們往往只是跟隨表面上的變化去反應、去適應，卻不知道內在那個變動才是翻山倒海的。如果你看懂了、感受到了，你的生命就會發生根本性的變化。

　　你的生命會進化，從低層的動物習性、人類情感的依賴，轉化為更高的慈悲、行星的意識。

　　我們的生命一直在轉化，你要讓生命轉化的意義顯化在你日常的生活中，在日常的生活中去應用這些智慧，創造更豐富的生命。

宇宙是一個大家庭

藍鷹波符第六天，韻律的黃太陽。

宇宙是一個大家庭，裏面有許多恆星、新星、太陽系、銀河系等等，每一個都是宇宙的家庭成員和組合。

我們是家庭成員的一個部分，我們的生命在這個大家庭裏開展。這裏的互動是發射性的，同時觸及每一個家庭成員。

太陽是我們的大家長，它在維護著我們的平衡，照料著我們的所需。我們感受到了它的光芒、它的溫暖、它的愛。

但我們內在也有寒冷面，我們需要去平衡的那一面，生命會消耗在自己的陰冷面。

我們聯繫著整個宇宙大生命，我們藉由太陽的光溫暖了我們的生命，我們也藉由宇宙大生命回歸生命中的光。

我們要驅散內在寒冷的陰暗面，回歸與宇宙大自然同頻共振的光子。太陽是我們的家長，它會為我們點燃內在炙熱的光芒，回歸生命無限光明。

升起你的古老智慧

藍鷹波符第七天，共振的紅龍。

　　生命總是和許多記憶共振著，你的生命中有許多記憶，你能夠回憶起的並不多。你知道生命的發生，它總是和許多的記憶共振，有一些你記得起來，有很多你已經忘記了。

　　但是它們卻又那麼真實地存在，影響著你。你隨著許多記憶起舞，你跟著許多記憶反應。這些記憶也提供許多你未知的潛能與能力。

　　你這一生是要把許多的記憶連接起來，有一些你需要去平衡其不平衡的業力能量，有一些你需要去釋放其阻礙和卡住的能量，有一些你需要去迎接回屬於你專屬的能量與特質。

　　你要去看見和分辨，你到底與哪一個記憶共振了，你活出了哪一段的記憶旅程，它們如何在影響著你，左右著你的視野與抉擇。

　　你要升起你的古老智慧，你與生俱來的智慧，用你的智慧去轉化和共振這些來自四面八方的訊息與記憶，讓它們為你打開一扇又一扇的智慧之門。

壯大自己的翅膀和心量

藍鷹波符第八天，銀河星系的白風。

生命到最後要活出來的是和諧。

當我們能夠站得高、看得遠的時候，我們的視野與胸懷自然會擴展，我們不再受局於狹小的視野和胸懷，我們可以容納得會更多，我們能夠給予得也會更多。

我們不再活在自己的小天地裏，我們知道這個世界還有更大的格局，我們要學習融入這個更大的世界，活出更大的自己。

這個世界能夠給予我們翱翔和暢遊的空間大得很，只是我們需要有足夠的承載和足夠的心力去擴展和創造。

就像老鷹，它有一雙強大的翅膀和健壯的身軀，來讓它能夠飛得更高更遠來看得更清晰。我們也要壯大自己的翅膀和心量，去看見更大更遠的世界，這才能夠為我們帶來真正的和諧。

當我們能夠知道這個世界並不只是我們自己一個人的世界，它需要大家的相互配合和相融才能呈現出一個大千世界，而這個大千世界也在承載著我們的存在，我們就會升起對萬事萬物的感恩和珍惜。

這些感恩和珍惜的慈悲能夠為我們帶來和諧流動的傳播。

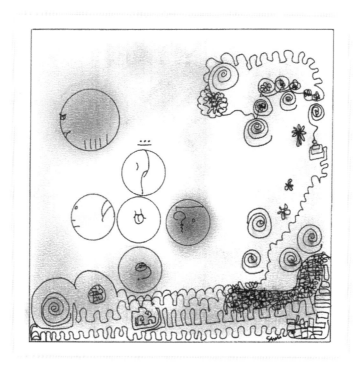

生命隱藏著許多寶藏

藍鷹波符第九天，太陽的藍夜。

生命隱藏著許多寶藏。

在你生活的每個點滴都是你挖寶的好機會，有些隱藏在微妙的細節裏，有些暴露在你看見的視線裏，這一些都在驅動著你去尋找自己生命的許多寶藏。

你要用細微的心去感受你的生命。生命中蘊含許多的情感、感受和感覺，需要你細微的去理解和品嘗。

你不要急著去尋找生命的大方向，大方向往往隱藏在生命的小細節裏面。你要去感受這些細節帶給你的學習，看見自己生命寶藏隱藏的那一面，這一些都是細微的線索，生命從尋找這些線索開展。

你要去學習觀察入微，從這些微小的細節中去瞭解自己，在瞭解自己的當中去開展自己的生命旅程。

你會看見生命擁有無盡的寶藏，從你挖掘自己的那一刻開始到沿途的豐盛。

相信當下的每一個自己

藍鷹波符第十天，行星的黃種子。

生命會開花結果。

相信自己，無條件地相信自己。

你是一顆種子，生命的種子，你存在是為了開花結果。你是一個全息的生命種子，不要質疑自己的各種可能性。你是一朵美麗的花兒，你是一棵雄偉的大樹，隱藏在種子一顆小小的基因裏。

你看不見自己是因為你隱藏在自己的外殼裏，你要聽聽那風聲，你要聽聽那雨聲，它們都在提醒你不要害怕，挺起自己的胸膛，讓自己承受磨練，這樣活出來的自己才會強健，才會茁壯，才會有故事。

你要聽聽太陽的聲音，你要聽聽大地的歌聲，它們都在提醒你，生命隱藏著美好，你要打開自己的胸懷，接納這一份美好，吸收這一份美好，活出這一份美好，顯化出自己的生命本質。

生命的成長讓你看見自己，無論你是歷經風霜，無論你體驗豐盛美好，你始終是那個你，你是種子的你，你是花朵的你，你是大樹的你。

你是生命中的每一個你，以不同的形態出現。不要忘了，相信當下的每一個自己，你能夠經歷風霜，你也能夠經歷美好。

生命一直在蛻變

藍鷹波符第十一天，光譜的紅蛇。

生命是歷經一個蛻變的開展。

你每天的生命都是不一樣的，每天你會看見生命在慢慢地變化，如果你有足夠敏銳的知覺和感受。今天的你已經不是昨天的你，這一刻的你已經不是上一刻的你。

他們是相同的你嗎？他們是否還是相同的一個人？

生命是一個讓人感動的過程。你或許經歷了生命的許多坎坷，艱辛痛苦的體驗，把你的心都縮成了一團，但是它們並未能將你打倒，它們讓你變得更加地堅毅、勇敢和開闊。你在當中的蛻變，把你生命的潛能、活力、生命力都激發出來了。

你像一隻浴火重生的鳳凰，更懂得生命的美麗和意義。

你的生命一直在蛻變，不管你是每天在細微蛻變，還是在大環境中進行激烈的生命蛻變，它們都是為了成就你活出真實的自己，回歸生命美麗的看見。

我們都是相互連接的

藍鷹波符第十二天，水晶的白世界橋。

我們都是相互連接的。

想一想，你的手和腳，它們是不是在一起的？它們雖然看起來沒有直接相連在一起，但是它們卻又是在一起的。

這個世界所有的東西都是一樣，它們雖然看起來沒有直接連接，但它們卻又是連接在一起的。

這包括了你喜歡或是不喜歡的各種人事物和現象。

如果你具有慧眼和慧心，你會知道這個世界沒有什麼是單獨存在的，沒有任何的東西能夠獨立存在於其他的事物之上，包括你厭惡的人、你討厭的事、你不喜歡的東西。它們都跟你千絲萬縷地牽連著，否則它們怎麼會出現在這裏，而不是他處。

你要去轉化這種不和諧的關係。你要記住，無論你跟任何東西的連接，它們都有一定的因緣存在，善的、惡的、中立的，每一樣東西都在宇宙大網路中相互牽連影響，只是一些較大因緣出現在你的時空，讓你看見了。

你要學會去轉化，讓和諧的能量重新回來，讓自己成為一個能夠幻化萬事因緣的大橋，讓一切來到你身邊的都是相互和諧的。

Kin247

聖人的眼光

藍鷹波符第十三天，宇宙的藍手。

生命不斷地啟航，到達終點，然後又再啟航。這是一個循環，在我們的生命中不斷地發生。

你有大的生命啟航、大的終點，在你的出生和生命結束的那一刻。你也有小的啟航、小的終點，在你的生命過程中無時無刻的發生。

當你能夠在更高處看待生命，你會發現在大小的啟航和終點當中蘊含了更大的生命循環。

當你的生命達到一個高度，你能夠知曉生命隱藏的契機，你能夠知曉宇宙運作的規律，你能夠知曉生命真相的秩序。

你不再以一個凡人的眼光去看待世界，你能夠以聖人的眼光去看待萬事萬物的變化，你不會再局守於世界要以一定的標準存在。

你知道這個世界是千變萬化的，你可以在千變萬化中去創造、去療癒和去調整。

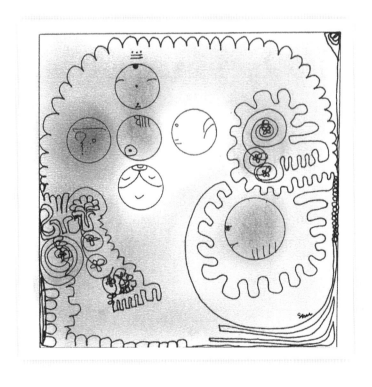

黃星星波符

--- KIN248 – KIN260 ---

Kin248

回到和諧和美麗

黃星星波符第一天，磁性的黃星星。

　　生命到最後是要回到和諧和美麗。

　　不管你用了多少年，不管你歷經了多少世，到最後你是要回歸到自己的和諧和美麗，然後再融入到這個世界的和諧和美麗。

　　和諧是什麼？當我們在宇宙大樂團的演奏裏不再顯得格格不入，當我們能夠在宇宙大樂團中跟隨節奏翩翩起舞，忘了自己，忘了世界，忘了宇宙，只有一個我，一個大的我，一個整體的我，無邊無界，一片光海，每個人都是光海的一個小水滴，每個人有著自己的光芒，卻又相融在光海的美麗中。

　　我們回歸到了「一」。我們既是自己，我們也是大家。

它是屬於大家的事

黃星星波符第二天，月亮的紅月。

為什麼我們無法活出和諧和美麗？那是因為我們內在有著許多無法釋放的內在不平衡。

這些不平衡來自許多方面，來自我們內在的創傷，來自業力的干擾，來自集體無意識的不平衡等等。

看起來這好像是一個人的事情，你自己應該要去清理你自己的事情，表面看起來是如此。但你不要忘了，我們同在一條大河流裏流動，水融合了所有的東西，凡在這條大河流裏的無法不沾惹河流裏流動的東西。

我們要去清理自己，沒錯。但是我們也要同時清理自己在這個集體意識裏沾染的東西，它不是個人的事，它是屬於大家的事。

如果我們想要一個集體美好的世界，你要清理的不只是自己的事情，你還要幫助這個世界恢復其本來清淨的面貌。

我們是群居動物，跟自己的同類群居，跟這個山河大地群居，也跟其他物類群居。我們無法束起雙手，只管自家清淨事，不管他人死活。

如果我們自私自利，我們永遠無法達到內在的和諧與平靜，也無法達至外在的和諧與平靜。

啟動內在的愛

黃星星波符第三天，電力的白狗。

要啟動內在的和諧與美麗，你必定先啟動內在的愛，你必須先把自己內在那最深刻的愛找回來。

內在最深刻的愛並不是你眼前所看見的所謂的愛，男女私情的愛、父母子女的愛、對物質私欲的愛。

最深刻的愛來自你內在未受污染的愛，那是一種非常純淨的愛、近乎無條件的愛、平等心的愛、自然散發出來的愛，就像太陽的光。

太陽從未想過你是誰，為什麼能夠獲得它的愛、它的光。它只是自然地成為它自己，在金黃色的喜悅中怡然地存在於自己的光中，輻射出內在的喜悅與愛。這一份喜悅與愛剛好輻射到了你的身邊，來自愛與光的加持。

你要明白，人世間的一切糾紛不外是恐懼，恐懼得不到自己想要的愛，恐懼被別人奪走身邊的愛。

其實真正的愛就在你的心中，當它能夠自然輻射出來，誰也奪不去，它只會越發越多。當它能夠生發到一定的程度，和諧和美麗的光環自然會跟隨你。

生命是一場藝術的展現

黃星星波符第四天，自我存在的藍猴。

生命是一場藝術的展現。

有些人覺得自己生命的這幅畫畫得美，有些人覺得自己生命的這幅畫畫得一塌糊塗。

我們在自己生命畫板上塗鴉，在塗鴉的過程中我們學會了如何畫畫，這是一個過程。

畫得美麗與否這是非常主觀的。有些人已經畫得很美了，但自己還是不滿意。有些人畫得不怎麼樣，但他懂得欣賞自己的畫作，給自己滿意的評分。

這都沒有對錯，生命是一場藝術，自然有懂得欣賞你的人，也有不懂得欣賞藝術的人。

有些人認為工整符合標準才美，有些人卻認為隨意畫之才呈現藝術之美。

其實每個人都有自己審美的那一套。怎麼稱之為美呢？我們要像一個孩子，對所有的事物保持好奇。在他們的眼中只有好玩和不好玩，沒有所謂的美和不美。

他們會把每一幅的人生之作帶著好奇心，發揮好玩的本色，去尋找和探索當中好玩的，然後把它變成有趣的。在他們的手中可以變化出千千萬萬種好玩的事兒，然後他們就會樂在其中。

這就是藝術。

Kin252

力量就在你的手上

黃星星波符第五天，超頻的黃人。

我們有時會忘記了自己的力量，特別是生命陷入困境、艱辛的時候，我們以為主宰是在外面，我們忽略了自己有選擇和翻轉一切的可能性。

我們有時會太依賴外在，選擇外在給我們的評判和標準。我們忘了，評判你的人其實是你自己，是自己設定了一套標準，然後外在這套標準就出現了，你以為迎合這套標準就沒錯了。

我們在當中失去了自己選擇的力量，我們以為這就是我們的選擇，其實這是你外在設定標準的選擇。

我們要回到自己生命的旅程，在旅程中活出自己真實的那一面，你不再為外在的一切左右，你知道力量就在你的手上。

無論外在發生了什麼，你的心仍然是自由的，能夠篤定在自己的力量，不為外在的一切帶走。這個時候，無論你的決定是什麼，它是來自你內在的創造、生命藝術的創造。

連接不同的可能性

黃星星波符第六天，韻律的紅天行者。

生命裏有很多故事，有一些是你明白的，有一些是你無法明白的。

你不明白為什麼生命會以如此的形式發生，很多來到你生命中的故事並不是你想像得美好。或者，你美好的故事以一種你覺得不是很圓滿的方式結束了。

生命的確如此，它不會照著常規走，它總是以你無法預測的方式千變萬化。

你需要打開你的心，去接受這種千變萬化。當你能夠敞開你的心，你思維的空間就會變化起來，你能夠天馬行空地讓生命的故事進入不同的空間，連接不同的可能性。

你不再局守著故事只有一種可能性，當這種可能性不為你所接受時，你就會受困在這個時空裏自怨自艾。

你要去看見生命是個無窮無盡變化的藝術品，無論它放在哪一個空間都可以變化出屬於那個空間的美麗與和諧。

回到自己真實的時間

黃星星波符第七天，共振的白巫師。

什麼是時間？我們常常迷失在時間裏，被時間追趕著，急著完成各種各樣的東西。

時間對我們來說，只不過是一個時期，我們在這一段時期完成一定的事。我們從來沒有想過時間是我們浸泡在內的海洋，我們能夠在這海洋裏去創造。

時間能夠給予我們的其實更多。我們在空氣裏，呼吸著新鮮的空氣；我們也在時間裏，翱翔暢遊著時間給我們的樂趣。

時間是一個來回輻射的光體能量，這光體能量裏蘊含了無量的訊息。你可以在當中去捕捉你所要的訊息，你也可以在當中去創造屬於你生命的無限。

這個光體是一個場，裏面有著無限的周期循環，為我們帶來不同的生命轉化和影響。當中包括了大生命和小生命的運轉。

我們共振於這樣的一個時空，我們要回到自己真實的時間，在真實的時間內創造我們生命光帶來的本質。

我們總是在學習

黃星星波符第八天，銀河星系的藍鷹。

在生命成長的過程中我們學會了耐性、不著急。很多時候我們急著想去完成一些東西，我們非常著急，失去了平靜的自己。

但生命的發生和磨練會讓我們慢慢地體會到，我們無法永遠在這樣的著急狀態，我們需要調整自己的耐性，靜待事情的發生和轉變。

生命是一個美麗的過程，我們總是不斷地在各種人事物的互動中看見自己、調頻自己、轉化自己。如果你有覺知，生命會更快地進入這個過程，帶給你的是美麗的轉化和蛻變。

當你學會靜下來，你會看得更清楚，你可以用你的心去感受當中細微的變化。你能夠在靜中升起你的智慧，這個智慧會讓你人生變得不一樣，你能夠更慈悲地看待事物，清理自己內在的不平衡。

我們總是在學習，學習如何在我們的生命中活出更多的慈悲與智慧。

這是一個漫長的人生旅程，我們在旅程中為自己打造一件獨屬於我們自己的藝術智慧人生。

Kin256

生命的終極是回歸自己

黃星星波符第九天，太陽的黃戰士。

　　我們不斷地在成長，當我們成長到了一定程度的時候，我們的心會變得越來越清晰，我們會越來越清楚自己在選擇一條怎樣的道路。

　　我們總是不斷地在探索，不斷地在問自己，我們到底想要什麼，什麼是人生的終極目的。

　　我們花了一生的時間在探索。人生的路途上出現了很多東西，在開始的時候我們總是盲目地追逐，追逐生命中不屬於我們的東西。追逐到了一段時間，我們開始會反省，生命是為了什麼，生命的到來是為了什麼？

　　這時我們才真正開始去認識自己，認識在這軀殼裏真實的自己。我們開始踏上自己人生的旅程，從不斷探索真實的自己中回到內在的和諧、平靜與喜悅。

　　生命的終極是回歸自己。

開始導航

黃星星波符第十天，行星的紅地球。

當生命回歸了自己，我們就要開始導航。

我們不是為自己而活的，當你能夠活出更多的智慧與慈悲之後，你會開始看見你的生命開始在導航。

你並沒有失去你自己，你只是穩定在自己的中心，帶領自己的導航，帶領更多生命的導航。

你在活出自己的狀態下進入了生命的導航，在這個導航的路途中，共時同步的發生會帶領你進入一個更大的導航。

你導航的不只是你自己，還有更大的生物圈，一切都在你這個生命圈中泛起一個更大的航線，吸引更多的生命航經這一個航圈，泛起更大的漣漪。

人類渺小，生命卻是偉大。回歸生命的導航，圈起一個更大的導航，這就是生命的藝術。

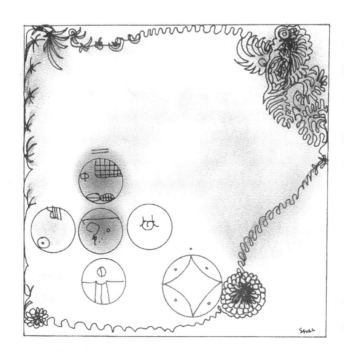

看見一切事物的美好

黃星星波符第十一天，光譜的白鏡。

我們在自己生命的每一個階段留下了自己的痕跡，照出來自己生命的美麗，也照映出自己生命的不圓滿。

我們從這些圓滿或不圓滿中看見了自己的角色，如何在天地間出現，呈現生命的表達。我們在表達中展現自己的光芒，我們看見了自己的美麗，我們也看見了自己的無助。

有一些事情是我們能夠去完成的，但有一些事情卻是我們無能為力的。我們要去接納這是生命的一個部分，我們無法只看見美麗，而不接納它的另一面。

所有的事物都是一體兩面的存在，這無關美麗或不美麗，這跟你看見的角度有關。你總是要不斷地調整自己看事情的角度，到最後你看見了所有發生的角度，你心裏有個數，知道了一切事物的發生和存在必定有其秩序和規則。

你不再執著，你只是純然地欣賞，看見一切事物的美好。

改變隱藏著生命的契機

黃星星波符第十二天，水晶的藍風暴。

當生命達到一個高度時，你不會再抗拒改變。你會知道無常就是生命的無時無刻都在改變，而這些改變隱藏著生命的契機、生命的機會。

它必然是來自於一些不再服務於你的能量，這些能量需要被清空，以便讓你能夠無礙地進入一個新的時空，並在新的時空中去創造屬於你的新生命的和諧。

改變不再是一個令人討厭的東西，它成了你的合作夥伴。你知道這個合作夥伴無時無刻都在協助你清空自己、轉換自己，讓自己能夠領受更多的愛與光，讓自己能夠給出更多的愛與光。

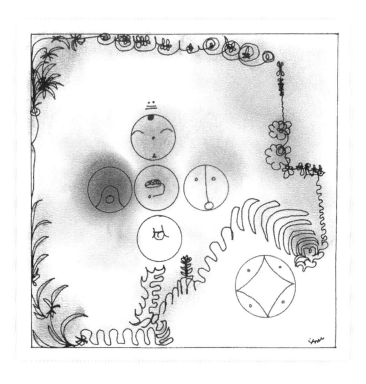

Kin260

我們成為了太陽

黃星星波符第十三天，宇宙的黃太陽。

當我們的心能夠敞開和明亮的時候，我們成為了太陽。

太陽普照萬物卻從未失去自己。我們在自己的中心發光發熱，卻從未失去我們的光和熱，它們源源不絕地向外發散，而我們依然自得，如如不動。

生命本應如此，到最後要成就的其實就是自己的光和熱。我們在光和熱中完成自己的使命，成為智慧與光的存在。

我們不為外在的一切所迷惑，我們內在光明清晰，通透明亮。我們成為自己明亮通透的太陽，光芒萬丈，穿透幻象，回歸清明。

馬雅 260──來自星際馬雅的生命智慧

13 月亮曆法 × 宇宙的愛

作　　者／譚美俐 ESRAH
美 術 編 輯／申朗創意
責 任 編 輯／林孝蓁
企畫選書人／賈俊國

總　編　輯／賈俊國
副 總 編 輯／蘇士尹
編　　輯／高懿萩
行 銷 企 畫／張莉榮・廖可筠・蕭羽猜

發　行　人／何飛鵬
法 律 顧 問／元禾法律事務所王子文律師
出　　版／布克文化出版事業部
　　　　　台北市中山區民生東路二段 141 號 8 樓
　　　　　電話：(02)2500-7008　傳真：(02)2502-7676
　　　　　Email：sbooker.service@cite.com.tw
發　　行／英屬蓋曼群島商家庭傳媒股份有限公司城邦分公司
　　　　　台北市中山區民生東路二段 141 號 2 樓
　　　　　書虫客服服務專線：(02)2500-7718；2500-7719
　　　　　24 小時傳真專線：(02)2500-1990；2500-1991
　　　　　劃撥帳號：19863813；戶名：書虫股份有限公司
　　　　　讀者服務信箱：service@readingclub.com.tw
香港發行所／城邦（香港）出版集團有限公司
　　　　　香港灣仔駱克道 193 號東超商業中心 1 樓
　　　　　電話：+852-2508-6231　　傳真：+852-2578-9337
　　　　　Email：hkcite@biznetvigator.com
馬新發行所／城邦（馬新）出版集團 Cité (M) Sdn. Bhd.
　　　　　41, Jalan Radin Anum, Bandar Baru Sri Petaling,
　　　　　57000 Kuala Lumpur, Malaysia
　　　　　電話：+603- 9057-8822　　傳真：+603- 9057-6622
　　　　　Email：cite@cite.com.my
印　　刷／韋懋實業有限公司
初　　版／2022 年 11 月
定　　價／新台幣 720 元
I S B N／978-626-7126-92-9
E I S B N／978-626-7126-91-2（EPUB）

城邦讀書花園　布克文化
www.cite.com.tw　WWW.SBOOKER.COM.TW